5 기탄 급수 급 빨리따기

KB122212

5급·5급 Ⅱ 공용 5급은 ①②③④과정 전 4권으로 구성되어 있습니다. **❸과정**

 왜, 기탄급수한자일까요?

　전국적으로 초,중,고 학생들에게 급수한자 열풍이 대단합니다. 2005학년도 대학 수학 능력 시험부터 제2외국어 영역에 한문 과목이 추가되고, 한자 공인 급수 자격증에 대한 각종 특전이 부여됨에 따라 한자·조기 교육에 가속도가 붙고 있습니다. 이러한 교육 환경에서 초등학생의 한자 학습에 대한 열풍은 자연스럽게 한자능력검정시험에까지 이어지고 있습니다.

이에 발맞추어 기탄교육은 국내 유일의 초등학생 전용 급수한자 학습지 《기탄급수한자 빨리따기》를 선보이게 되었습니다. 《기탄급수한자 빨리따기》는 초등학생의 수준에 딱 맞도록 구성되어 더욱 쉽고 빠르게 원하는 급수를 취득할 수 있습니다. 이제 초등학생들의 한자능력검정시험 준비는 《기탄급수한자 빨리따기》로 시작하세요. 한자 학습의 목표를 정해 주어 학습 성취도가 높고, 공부하는 재미를 동시에 느낄 수 있습니다.

《기탄급수한자 빨리따기》 이런 점이 좋아요.

- 두꺼운 분량의 문제집이 아닌 각 급수별로 분권하여 학습 성취도가 높습니다.
- 충분한 쓰기 연습량으로 목표하는 급수 자격증을 빠르게 취득할 수 있습니다.
- 출제 유형을 꼼꼼히 분석한 기출예상문제풀이로 시험 대비에 효과적입니다.
- 만화, 전래 동화, 수수께끼 등 다양한 학습법으로 지루하지 않게 공부합니다.

한자능력검정시험이란 무엇인가요?

 사단법인 한국어문회에서 주관하고 한국한자능력검정회가 시행하는 한자 활용능력 시험을 말합니다. 1992년 12월 9일 1회 시험이 시행되었고, 2001년 1월 1일 이후로 국가 공인자격시험(1급~3급Ⅱ)으로 치러지고 있습니다.

한자능력검정시험은 언제, 어떻게 치르나요?

정규 시험은 공인급수 시험과 교육급수 시험을 별도로 실시합니다. (한국 한자능력검정회 홈페이지 참조 http://www.hanja.re.kr) 응시 자격은 8급~특급까지 연령, 성별, 학력 제한 없이 모든 급수에 응시할 수 있습니다.

 한자능력검정시험에는 어떤 문제가 나오나요?

 급수별로 자세한 내용은 다음과 같습니다.

한자능력검정시험 출제 유형

구분	특급	특급Ⅱ	공인급수				교육급수								
			1급	2급	3급	3급Ⅱ	4급	4급Ⅱ	5급	5급Ⅱ	6급	6급Ⅱ	7급	7급Ⅱ	8급
읽기 배정 한자	5,978	4,918	3,500	2,355	1,817	1,500	1,000	750	500	400	300	225	150	100	50
쓰기 배정 한자	3,500	2,355	2,005	1,817	1,000	750	500	400	300	225	150	50	0	0	0
독음	50	50	50	45	45	45	32	35	35	35	33	32	32	22	24
훈음	32	32	32	27	27	27	22	22	23	23	22	29	30	30	24
장단음	10	10	10	5	5	5	3	0	0	0	0	0	0	0	0
반의어	10	10	10	10	10	10	3	3	3	3	3	2	2	2	0
완성형	15	15	15	10	10	10	5	5	4	4	3	2	2	2	0
부수	10	10	10	5	5	5	3	3	3	3	0	0	0	0	0
동의어	10	10	10	5	5	5	3	3	3	3	2	0	0	0	0
동음이의어	10	10	10	5	5	5	3	3	3	3	2	0	0	0	0
뜻풀이	10	10	10	5	5	5	3	3	3	3	2	2	2	2	0
필순	0	0	0	0	0	0	0	0	0	3	3	3	2	2	2
약자	3	3	3	3	3	3	3	3	3	3	0	0	0	0	0
한자 쓰기	40	40	40	30	30	30	20	20	20	20	20	10	0	0	0

※ 쓰기 배정 한자는 한두 급수 아래의 읽기 배정 한자이거나 그 범위 내에 있습니다.
※ 출제 유형표는 기본 지침 자료로서, 출제자의 의도에 따라 차이가 있을 수 있습니다.

한자능력검정시험의 급수는 어떻게 나누어지나요?

한자능력검정시험은 공인급수와 교육급수로 나누어져 있으며, 8급에서 1급까지 배정되어 있습니다. 특급·특급Ⅱ는 민간자격급수입니다.

한자능력검정시험 급수 배정표

급수		읽기	쓰기	수준 및 특성
교육급수	8급	50	0	한자 학습 동기 부여를 위한 급수
	7급Ⅱ	100	0	기초 상용한자 활용의 초급 단계
	7급	150	0	기초 상용한자 활용의 초급 단계
	6급Ⅱ	225	50	기초 상용한자 활용의 중급 단계
	6급	300	150	기초 상용한자 활용의 고급 단계
	5급Ⅱ	400	225	중급 상용한자 활용의 초급 단계
	5급	500	300	중급 상용한자 활용의 초급 단계
	4급Ⅱ	750	400	중급 상용한자 활용의 중급 단계
	4급	1,000	500	중급 상용한자 활용의 고급 단계
공인급수	3급Ⅱ	1,500	750	고급 상용한자 활용의 초급 단계
	3급	1,817	1,000	고급 상용한자 활용의 중급 단계
	2급	2,355	1,817	상용한자를 활용하는 것은 물론 인명지명용 기초한자 활용 단계
	1급	3,500	2,005	국한혼용 고전을 불편 없이 읽고, 연구할 수 있는 수준 초급
특급Ⅱ		4,918	2,355	국한혼용 고전을 불편 없이 읽고, 연구할 수 있는 수준 중급
특급		5,978	3,500	국한혼용 고전을 불편 없이 읽고, 연구할 수 있는 수준 고급

한자능력검정시험 합격 기준표

구분	특급·특급Ⅱ	공인급수				교육급수								
		1급	2급	3급	3급Ⅱ	4급	4급Ⅱ	5급	5급Ⅱ	6급	6급Ⅱ	7급	7급Ⅱ	8급
출제문항수	200	200	150	150	150	100	100	100	100	90	80	70	60	50
합격문항수	160	160	105	105	105	70	70	70	70	63	56	49	42	35
시험시간	100분	90분	60분			50분								

※특급·특급Ⅱ·1급은 출제 문항수의 80% 이상, 2급~8급은 70% 이상 득점하면 합격입니다.

 한자능력검정시험에 합격하면 어떤 좋은 점이 있나요?

• 1급~3급Ⅱ를 취득하면 국가 공인 자격증으로서, 초·중·고등학교 생활 기록부의 자격증란에 기재되고, 4급~8급을 취득하면 세부 능력 및 특기 사항란에 기재됩니다.

• 대학 입시 수시 모집 및 특기자 전형에 지원이 가능합니다.

• 대학 입시 면접에 가산점 부여 및 졸업 인증, 학점 반영 등 혜택이 주어집니다.

• 언론사, 기업체의 입사·승진 등 인사 고과에 반영됩니다.

5급 한자 500자를 ①, ②, ③, ④과정으로 분권하여 구성하였습니다. 두꺼운 분량의 책으로 공부할 때보다 학습자의 성취감을 높여줍니다.

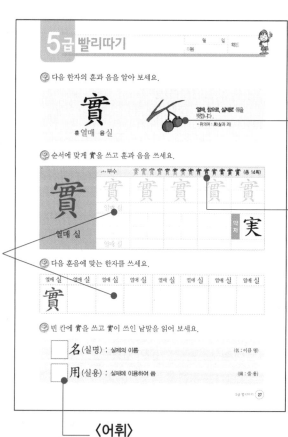

〈그림〉
한자의 훈에 해당하는 개념을 그림으로 표현 하여 쉽게 이해 하도록 합니다.

〈획순〉
한자를 바르게 쓸 수 있도록 획순을 제시 하였습니다.
(획순은 학자 마다 약간씩 견해 차이가 있습니다.)

〈쓰기〉
따라쓰기, 훈음쓰기, 어휘쓰기 등의 단계를 거치면서 총 20회의 쓰기 연습을 합니다.

〈어휘〉
다른자와 결합된 단어를 학습하여 어휘력을 높이도록 하였습니다.

〈도입〉
5급·5급Ⅱ 신출 한자를
가나다 순으로 정리하여
그림과 함께 소개합니다.

〈만화로 익히는 고사성어〉
고사성어를 만화로 표현하여
고사의 유래와 참뜻을 흥미롭
게 익힙니다.

〈이야기로 익히는 한자〉
학습 한자를 문장 속에서 훈
과 음을 적용시켜 응용력을
높입니다.

〈한자 수수께끼〉
한자 수수께끼를 통하여 한자
공부에 재미를 느끼게 합니다.

〈기출 및 예상 문제〉
시험에 출제되었던 문제와
예상 문제를 통하여 실력을
다집니다.

〈부록〉
상대·반의어, 유의어, 동음이의어
등을 정리하여 한자 학습의 폭을
넓히고 실제 시험을 대비합니다.

〈모의 한자능력검정시험〉
실제 시험 출제 유형과 똑같은
모의 한자능력검정시험 3회를
통하여 실전 감각을 높일 수
있습니다.

〈답안지〉
실제 시험과 똑같은 모양의 답안
작성 연습으로 실수를 줄일 수
있습니다.

加(가)   ❶–8
①과정 8쪽

	說	말씀 설/ 달랠 세/ 기쁠 열	 性	성품 성
	洗	씻을 세	 歲	해 세
	束	묶을 속	 首	머리 수
	宿	잘 숙/ 별자리 수	 順	순할 순
	示	보일 시	識	알 식/ 기록할 지

🌼 다음 한자의 훈과 음을 알아 보세요.

훈 말씀/달랠/기쁠 음 설/세/열

'말씀, 달래다, 기쁘다' 등을 뜻합니다.
• 유의어 : 話(말씀 화), 談(말씀 담), 語(말씀 어)

🌼 순서에 맞게 說을(를) 쓰고 훈과 음을 쓰세요.

言부수	說 說 說 說 說 說 說 說 說 說 說 說 說 說 (총 14획)				
說 말씀 설 달랠 세 기쁠 열	說	說	說	說	說
	말씀 설				
	말씀 설				

🌼 다음 훈음에 맞는 한자를 쓰세요.

말씀 설	말씀 설	말씀 설	말씀 설	말씀 설	말씀 설	말씀 설	말씀 설
說							

🌼 빈 칸에 說을(를) 쓰고 說이(가) 쓰인 낱말을 읽어 보세요.

◻明(설명) : 풀어서 밝혀 말함   (明 : 밝을 명)

◻客(세객) : 유세하는 사람   (客 : 손님 객)

5급 빨리따기

	월 일	확인
	이름	

🌸 다음 한자의 훈과 음을 알아 보세요.

性

훈 성품 음 성

'성품, 성질' 등을 뜻합니다.

🌸 순서에 맞게 性을 쓰고 훈과 음을 쓰세요.

性 성품 성	忄(心)부수	性 性 性 性 性 性 性 性 (총 8획)
	性	性　性　性　性
	성품 성	
	성품 성	

🌸 다음 훈음에 맞는 한자를 쓰세요.

성품 성	성품 성	성품 성	성품 성	성품 성	성품 성	성품 성	성품 성
性							

🌸 빈 칸에 性을 쓰고 性이 쓰인 낱말을 읽어 보세요.

天 [ ] (천성) : 천품, 본래부터 타고난 성질　　　　(天 : 하늘 천)

[ ] 格 (성격) : 각 개인이 가진 특유한 성질, 품성　　　　(格 : 격식 격)

🌸 다음 한자의 훈과 음을 알아 보세요.

洗

훈 씻을 음 세

'씻다, 깨끗하다' 등을 뜻합니다.

🌸 순서에 맞게 洗를 쓰고 훈과 음을 쓰세요.

洗 씻을 세	氵(水)부수	洗洗洗洗洗洗洗洗洗 (총 9획)			
	洗 씻을 세	洗	洗	洗	洗
	씻을 세				

🌸 다음 훈음에 맞는 한자를 쓰세요.

씻을 세	씻을 세	씻을 세	씻을 세	씻을 세	씻을 세	씻을 세	씻을 세
洗							

🌸 빈 칸에 洗를 쓰고 洗가 쓰인 낱말을 읽어 보세요.

☐ 禮(세례) : 천주교에서, 죄악을 씻고 새 사람이 된다는 표로 하는 의식의 한 가지   (禮 : 예도 례)

☐ 面(세면) : 얼굴을 씻음   (面 : 낯 면)

🌸 다음 한자의 훈과 음을 알아 보세요.

歲

훈 해 음 세

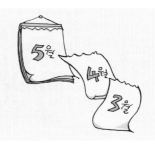

'해, 세월, 나이' 등을 뜻합니다.

• 유의어 : 年(해 년)

🌸 순서에 맞게 歲를 쓰고 훈과 음을 쓰세요.

歲

해 세

止부수	歲歲歲歲歲歲歲歲歲歲歲歲歲 (총 13획)

歲	歲	歲	歲	歲
해 세				
해 세				

🌸 다음 훈음에 맞는 한자를 쓰세요.

해 세	해 세	해 세	해 세	해 세	해 세	해 세	해 세
歲							

🌸 빈 칸에 歲를 쓰고 歲가 쓰인 낱말을 읽어 보세요.

☐ 月(세월) : 흘러가는 시간   (月 : 달 월)

☐ 入(세입) : 1년간의 수입   (入 : 들 입)

🌸 다음 한자의 훈과 음을 알아 보세요.

束

훈 묶을 음 속

'묶다, 약속하다' 등을 뜻합니다.

🌸 순서에 맞게 束을 쓰고 훈과 음을 쓰세요.

束 묶을 속	木부수			束 束 束 束 束 束 束 (총 7획)	
	束	束	束	束	束
	묶을 속				
	묶을 속				

🌸 다음 훈음에 맞는 한자를 쓰세요.

묶을 속	묶을 속	묶을 속	묶을 속	묶을 속	묶을 속	묶을 속	묶을 속
束							

🌸 빈 칸에 束을 쓰고 束이 쓰인 낱말을 읽어 보세요.

結[ ] (결속) : 한 덩어리가 되도록 묶음　　　　　　　(結 : 맺을 결)

約[ ] (약속) : 어떠한 일에 대하여 어떻게 하기로 미리 정해놓는 것, 또는 그 내용　　　(約 : 맺을 약)

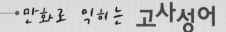 만화로 익히는 **고사성어**

梁 上 君 子 (양상군자)

대들보 **양**　　　 윗 **상**　　　 임금 **군**　　　 아들 **자**

'대들보(梁) 위의(上) 군자(君子)'라는 뜻으로 **도둑을 점잖게 부르는 말**입니다. 후한(後漢)의 진식(陳寔)이란 사람은 겸손한 자세로 백성을 다스리고 매사를 공정하게 처리하여 그 고을 사람들에게 존경을 받았습니다. 그런데 어느 해 흉년이 들어 웬 사내가 대들보 위에 숨어 들었습니다. 진식은 모르는 척하면서 독서를 하다가 아들과 손자를 불러 모아서 말했습니다.
"악인이라 해도 모두 본성이 악해서 그런 것이 아니다. 습관이 성품이 되어 악행도 하게 되는 것이다. 이를테면 지금 대들보 위의 군자가 그렇다."
하고 말하자 숨어 있던 도둑이 죄를 뉘우치고 내려와 잘못을 빌었다고 합니다.

🌸 다음 한자의 훈과 음을 알아 보세요.

首

훈 머리 음 수

'**머리, 우두머리, 단위**' 등을 뜻합니다.
• 유의어 : 頭(머리 두)

🌸 순서에 맞게 首를 쓰고 훈과 음을 쓰세요.

首부수	首首首首首首首首首 (총 9획)

首

머리 수

首	首	首	首	首
머리 수				
머리 수				

🌸 다음 훈음에 맞는 한자를 쓰세요.

머리 수	머리 수	머리 수	머리 수	머리 수	머리 수	머리 수	머리 수
首							

🌸 빈 칸에 首를 쓰고 首가 쓰인 낱말을 읽어 보세요.

☐ 相(수상) : 내각의 우두머리   (相 : 서로 상)

☐ 都(수도) : 한 나라의 정치 중심지   (都 : 도읍 도)

5급 빨리따기

월 일 이름 확인

🌼 다음 한자의 훈과 음을 알아 보세요.

宿

'자다, 묵다, 오래다, 별자리' 등을 뜻합니다.

훈 잘/별자리 음 숙/수

🌼 순서에 맞게 宿을 쓰고 훈과 음을 쓰세요.

宿	宀 부수	宿宿宿宿宿宿宿宿宿宿宿 (총 11획)				
		宿	宿	宿	宿	宿
	잘숙/별자리수					
잘 숙/별자리 수						
	잘숙/별자리수					

🌼 다음 훈음에 맞는 한자를 쓰세요.

잘 숙/별자리 수	잘 숙/별자리 수	잘 숙/별자리 수	잘 숙/별자리 수	잘 숙/별자리 수	잘 숙/별자리 수	잘 숙/별자리 수	잘 숙/별자리 수
宿							

🌼 빈 칸에 宿을 쓰고 宿이 쓰인 낱말을 읽어 보세요.

☐ 命 (숙명) : 날 때부터 정해진 운명   (命 : 목숨 명)

☐ 所 (숙소) : 머물러 묵는 곳   (所 : 바/곳 소)

5급 빨리따기 15

🌼 다음 한자의 훈과 음을 알아 보세요.

順

훈 순할 음 순

'**순하다, 따르다**' 등을 뜻합니다.

🌼 순서에 맞게 順을 쓰고 훈과 음을 쓰세요.

順 순할 순	頁부수	順 順 順 順 順 順 順 順 順 順 順 (총 12획)			
	順	順	順	順	順
	순할 순				
	순할 순				

🌼 다음 훈음에 맞는 한자를 쓰세요.

순할 순	순할 순	순할 순	순할 순	순할 순	순할 순	순할 순	순할 순
順							

🌼 빈 칸에 順을 쓰고 順이 쓰인 낱말을 읽어 보세요.

☐ 理(순리) : ① 도리에 순종함
② 순조로운 이치   (理 : 다스릴 리)

☐ 産(순산) : 순조롭게 아이를 낳음   (産 : 낳을 산)

	월 일	확인
이름		

🌻 다음 한자의 훈과 음을 알아 보세요.

示

훈 보일 음 시

'**보이다, 알리다**' 등을 뜻합니다.

• 유의어 : 見(볼 견), 觀(볼 관)

🌻 순서에 맞게 示를 쓰고 훈과 음을 쓰세요.

示 보일 시	示부수			示 示 示 示 示 (총 5획)	
	示	示	示	示	示
	보일 시				
	보일 시				

🌻 다음 훈음에 맞는 한자를 쓰세요.

보일 시	보일 시	보일 시	보일 시	보일 시	보일 시	보일 시	보일 시
示							

🌻 빈 칸에 示를 쓰고 示가 쓰인 낱말을 읽어 보세요.

訓 ☐ (훈시) : 윗사람이 집무상 주의 사항을 아랫사람에게 가르쳐 보임 (訓 : 가르칠 훈)

告 ☐ (고시) : 국가기관 등에서 일반에게 널리 알림 (告 : 고할 고)

✿ 다음 한자의 훈과 음을 알아 보세요.

識

훈 알/기록할   음 식/지

'알다, 기록하다' 등을 뜻합니다.

• 유의어 : 知(알 지)

✿ 순서에 맞게 識을(를) 쓰고 훈과 음을 쓰세요.

識	言부수	識識識識識識識識識識識識識 (총 19획)				
		識	識	識	識	識
알 식/기록할 지	알 식/기록할 지					
	알 식/기록할 지					

✿ 다음 훈음에 맞는 한자를 쓰세요.

알 식/기록할 지	알 식/기록할 지	알 식/기록할 지	알 식/기록할 지	알 식/기록할 지	알 식/기록할 지	알 식/기록할 지	알 식/기록할 지
識							

✿ 빈 칸에 識을(를) 쓰고 識이(가) 쓰인 낱말을 읽어 보세요.

□別(식별) : 잘 알아서 구별함

(別 : 다를/나눌 별)

一字無□(일자무식) : 글자 한 자도 모를 정도로 무식함

(一 : 한 일)
(字 : 글자 자)
(無 : 없을 무)

☆ 다음 빈 칸에 알맞은 음(音)이나 한자(漢字)를 **보기**에서 찾아 쓰세요.

옛날 어느 마을에 꿀을 좋아하는 훈장님이 장난꾸러기[1]少年(⬜⬜)들을 가르치고 있었습니다. 훈장님은 꿀을 너무 좋아해서 벽장 속에 꿀항아리를 넣어 두고 매일 손을 씻고[2](⬜) 조금씩 덜어 먹곤 했습니다.

장난꾸러기[3] 學童(⬜⬜) 한 명이 '훈장님이 벽장에 숨겨 놓고 매일 드시는 것이 도대체 뭘까?' 하고 무척 궁금하게 생각했습니다. 하루는 훈장님이 낮잠을 자는[4](⬜) 틈을 타서 벽장을 살펴보다 훈장님의 머리를[5](⬜) 밟고 말았습니다.

벽장 속에는 곱게 놓인 항아리 하나가 보였습니다.[6](⬜)

"아니, 웬 놈이야!" 낮잠을 자다 깬 훈장님은 깜짝 놀라 말씀[7](⬜) 하셨습니다.

〈계속〉

보기 ① 학동 ② 소년 ③ 說 ④ 洗 ⑤ 首 ⑥ 示 ⑦ 宿

제1회 기출 및 예상 문제

월   일 | 이름 | 확인

1 다음 漢字語의 讀音을 쓰세요.

(1) 說明　（　　　）　　(2) 順理　（　　　）

(3) 歲月　（　　　）　　(4) 洗手　（　　　）

(5) 天性　（　　　）　　(6) 宿命　（　　　）

(7) 結束　（　　　）　　(8) 說客　（　　　）

(9) 首相　（　　　）　　(10) 順序　（　　　）

(11) 性格　（　　　）　　(12) 訓示　（　　　）

(13) 洗車　（　　　）　　(14) 團束　（　　　）

(15) 識見　（　　　）　　(16) 首都　（　　　）

(17) 合宿　（　　　）　　(18) 歲入　（　　　）

(19) 識別　（　　　）　　(20) 告示　（　　　）

2 다음 漢字의 訓과 音을 쓰세요.

(1) 性　（　　　）　　(2) 歲　（　　　）

(3) 說　（　　　）　　(4) 示　（　　　）

(5) 順　（　　　）　　(6) 宿　（　　　）

월	일	이름	확인

3 다음 밑줄 친 낱말을 漢字로 쓰세요.

(1) 그는 <u>천성</u>이 매우 순박하다.

(2) 5만원 이상 주유시 <u>세차</u> 무료!

(3) <u>숙소</u>는 체육관 뒷건물입니다.

(4) 다음은 교장 선생님의 <u>훈시</u>가 있겠습니다.

(5) 한국의 <u>수도</u>는 서울입니다.

(6) 자기 <u>순서</u>를 지키십시오.

(7) 그는 <u>식견</u>이 높은 사람입니다.

(8) 회원의 <u>결속</u>을 도모하고자 여기에 모였습니다.

(9) <u>세월</u> 참 빠르다.

(10) 그는 아무런 <u>설명</u>도 없이 그저 웃기만 했습니다.

4 다음 訓과 音에 맞는 漢字를 쓰세요.

(1) 씻을 세 (   )　　(2) 머리 수 (   )

(3) 묶을 속 (   )　　(4) 알 식/기록할 지 (   )

5 다음 漢字와 뜻이 상대 또는 반대되는 漢字를 쓰세요.

例	男 ↔ 女

(1) 當 ↔ (   )

6 다음 (   )에 들어갈 漢字를 〈보기〉에서 골라 그 番號를 쓰세요.

보기 ① 訓 ② 話 ③ 語 ④ 識

(1) 一字無(   )

7 다음 漢字와 뜻이 같거나 비슷한 漢字를 골라 그 番號를 쓰세요.

(1) 歲 – (① 說 ② 年 ③ 期 ④ 關)

(2) 話 – (① 課 ② 計 ③ 說 ④ 望)

(3) 示 – (① 失 ② 聞 ③ 具 ④ 見)

8 다음 漢字와 음이 같은 漢字를 골라 그 番號를 쓰세요.

(1) 線 – (① 選 ② 練 ③ 結 ④ 級)

(2) 歲 – (① 球 ② 先 ③ 洗 ④ 舊)

(3) 樹 – (① 技 ② 首 ③ 談 ④ 農)

9 다음 漢字語의 뜻을 쓰세요.

例 讀音 : ① 글 읽는 소리 ② 한자의 음

(1) 訓示 – (   )   (2) 洗面 – (   )

(3) 首相 – (   )   (4) 宿所 – (   )

10 다음 漢字의 略字(획수를 줄인 漢字)를 쓰세요.

> | 例 | 禮 → 礼 |

(1) 賣 – (   )

11 다음 물음에 답하세요.

(1)  ㉠획의 쓰는 순서를 아래에서 골라 번호를 쓰세요.

① 첫 번째   ② 두 번째

③ 세 번째   ④ 네 번째

(2)  ㉠획의 쓰는 순서를 아래에서 골라 번호를 쓰세요.

① 첫 번째   ② 두 번째

③ 세 번째   ④ 네 번째

(3) 示 쓰는 순서가 맞는 것을 아래에서 골라 번호를 쓰세요.

① ㉠ – ㉡ – ㉢ – ㉣ – ㉤

② ㉠ – ㉡ – ㉣ – ㉤ – ㉢

③ ㉠ – ㉡ – ㉣ – ㉢ – ㉤

④ ㉠ – ㉡ – ㉤ – ㉣ – ㉢

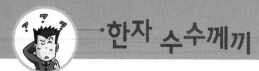
☆ 어떤 한자일까요? 맞춰 보세요.

집 아래 하나의 입이 있고 그 아래 큰 밭이 있는 한자는 무엇일까요?

조개 하나를 나누어 먹으니 가난한 형편을 말하는 한자는 무엇일까요?

해답

▶ 富 부유할 부(宀집＋一하나＋口입＋田밭)

▶ 貧 가난할 빈(貝조개＋分나누다)

•富 : 부유할 부(宀-총 12획) •貧 : 가난할 빈(貝-총 11획) •貝 : 조개 패(貝-총 7획)

臣 신하 신	實 열매 실
兒 아이 아	惡 악할 악/ 미워할 오
案 책상 안	約 맺을 약
養 기를 양	魚 고기/ 물고기 어
漁 고기잡을 어	億 억 억

월   일
이름   확인

🌻 다음 한자의 훈과 음을 알아 보세요.

'신하, 신하의 자칭' 등을 뜻합니다.

훈 신하 음 신

🌻 순서에 맞게 臣을 쓰고 훈과 음을 쓰세요.

臣부수				臣臣臣臣臣臣 (총 6획)
臣	臣	臣	臣	臣
신하 신				
신하 신				

신하 신

🌻 다음 훈음에 맞는 한자를 쓰세요.

신하 신	신하 신	신하 신	신하 신	신하 신	신하 신	신하 신	신하 신
臣							

🌻 빈 칸에 臣을 쓰고 臣이 쓰인 낱말을 읽어 보세요.

☐ 下 (신하) : 임금의 밑에서 나라 일을 보는 사람   (下 : 아래 하)

功 ☐ (공신) : 나라에 공로가 있는 신하   (功 : 공 공)

5급 빨리따기

월 일 확인
이름

🌸 다음 한자의 훈과 음을 알아 보세요.

實

훈 열매 음 실

열매, 참으로, 실제로' 등을 뜻합니다.
• 유의어 : 果(실과 과)

🌸 순서에 맞게 實을 쓰고 훈과 음을 쓰세요.

열매 실

ㄷ부수	實實實實實實實實實實實實實實 (총 14획)				
	實	實	實	實	實
	열매 실				
					약자 実
	열매 실				

🌸 다음 훈음에 맞는 한자를 쓰세요.

열매 실	열매 실	열매 실	열매 실	열매 실	열매 실	열매 실	열매 실
實							

🌸 빈 칸에 實을 쓰고 實이 쓰인 낱말을 읽어 보세요.

☐ 名(실명) : 실제의 이름　　　　　　　　　　(名 : 이름 명)

☐ 用(실용) : 실제에 이용하여 씀　　　　　　　(用 : 쓸 용)

🌸 다음 한자의 훈과 음을 알아 보세요.

兒

훈아이 음아

'아이, 젊은이' 등을 뜻합니다.

• 유의어 : 童(아이 동)

🌸 순서에 맞게 兒를 쓰고 훈과 음을 쓰세요.

兒	儿 부수	兒兒兒兒兒兒兒兒 (총 8획)
	兒 兒 兒 兒 兒	
아이 아	아이 아	
		약자 児
	아이 아	

🌸 다음 훈음에 맞는 한자를 쓰세요.

아이 아	아이 아	아이 아	아이 아	아이 아	아이 아	아이 아	아이 아
兒							

🌸 빈 칸에 兒를 쓰고 兒가 쓰인 낱말을 읽어 보세요.

☐ 女子(아녀자) : ① 여자를 낮추어 이르는 말   (女 : 계집 녀)
　　　　　　　　② 어린 아이와 여자   (子 : 아들 자)

小 ☐ (소아) : 어린 아이   (小 : 작을 소)

5급 빨리따기

	월 일	확인
이름		

🌻 다음 한자의 훈과 음을 알아 보세요.

'악하다, 미워하다' 등을 뜻합니다.
• 상대반의어 : 善(착할 선)

훈 악할/미워할 음 악/오

🌻 순서에 맞게 惡을(를) 쓰고 훈과 음을 쓰세요.

惡	心부수	惡惡惡惡惡惡惡惡惡惡惡惡 (총 12획)			
	惡	惡	惡	惡	惡
	악할 악/미워할 오				
악할 악/미워할 오					약자 惡
	악할 악/미워할 오				

🌻 다음 훈음에 맞는 한자를 쓰세요.

악할 악/미워할 오	악할 악/미워할 오	악할 악/미워할 오	악할 악/미워할 오	악할 악/미워할 오	악할 악/미워할 오	악할 악/미워할 오	악할 악/미워할 오
惡							

🌻 빈 칸에 惡을(를) 쓰고 惡이(가) 쓰인 낱말을 읽어 보세요.

☐ 人(악인) : 악한 사람 　　　　　　　　　　　(人 : 사람 인)

☐ 名(악명) : 나쁜 평판, 악하기로 소문난 이름 　　(名 : 이름 명)

❀ 다음 한자의 훈과 음을 알아 보세요.

案

훈 책상 음 안

'책상, 안건' 등을 뜻합니다.

❀ 순서에 맞게 案을 쓰고 훈과 음을 쓰세요.

책상 안

木부수	案案案案案案案案案案 (총 10획)				
案	案	案	案	案	案
	책상 안				
	책상 안				

❀ 다음 훈음에 맞는 한자를 쓰세요.

책상 안	책상 안	책상 안	책상 안	책상 안	책상 안	책상 안	책상 안
案							

❀ 빈 칸에 案을 쓰고 案이 쓰인 낱말을 읽어 보세요.

☐件 (안건) : 토의·조사해야 할 사항 (件 : 물건 건)

考☐ (고안) : 어떤 일을 생각하여 냄, 또는 그 안건 (考 : 생각할 고)

漁 夫 之 利 (어부지리)

고기잡을 **어**　　지아비 **부**　　어조사 **지**　　이로울 **리**

'어부(漁夫)의(之) 이익(利)'이란 뜻으로 서로 다투고 있는 사이에 엉뚱한 제삼자가 이익을 보게 되는 경우를 뜻합니다.

조(趙)나라가 연(燕)나라를 공격하려 하자 연나라의 소왕이 소대(蘇代)라는 사신을 조나라에 보내어 설득하는 고사에서 유래된 성어입니다. 소대가 말하기를 "제가 조나라에 오다가 보니 조개가 입을 벌리고 햇볕을 쬐는데, 도요새가 조갯살을 먹으려 하자 조개는 깜짝 놀라 입을 다물었습니다. 이 때 마침 지나던 어부가 한꺼번에 둘 다 잡아갔습니다. 지금 임금께서 연나라를 치면 강한 진나라는 마치 어부처럼 조나라와 연나라를 취할 것입니다."라고 하니, 조나라의 왕도 옳다 여기고 연나라를 공격하지 않았다고 합니다.

❀ 다음 한자의 훈과 음을 알아 보세요.

約

'묶다, 약속하다, 나눗셈하다' 등을 뜻합니다.

훈 맺을 음 약

❀ 순서에 맞게 約을 쓰고 훈과 음을 쓰세요.

約 맺을 약	糸부수	約 約 約 約 約 約 約 約 約 (총 9획)
	約 約 約 約 約	
	맺을 약	
	맺을 약	

❀ 다음 훈음에 맞는 한자를 쓰세요.

맺을 약	맺을 약	맺을 약	맺을 약	맺을 약	맺을 약	맺을 약	맺을 약
約							

❀ 빈 칸에 約을 쓰고 約이 쓰인 낱말을 읽어 보세요.

☐ 定(약정) : 약속하여 정함 　　　　　　　　　　　　　　(定 : 정할 정)

☐ 分(약분) : 분수의 분모와 분자를 그들의 공약수로 나누어 간단하게 하는 일 　　(分 : 나눌 분)

🌸 다음 한자의 훈과 음을 알아 보세요.

養

훈 기를 음 양

'**기르다, 봉양하다**' 등을 뜻합니다.
• 유의어 : 育(기를 육)

🌸 순서에 맞게 養을 쓰고 훈과 음을 쓰세요.

食부수 養養養養養養養養養養養養養養養 (총 15획)

養	養	養	養	養	養
기를 양	기를 양				
	기를 양				

기를 양

🌸 다음 훈음에 맞는 한자를 쓰세요.

기를 양	기를 양	기를 양	기를 양	기를 양	기를 양	기를 양	기를 양
養							

🌸 빈 칸에 養을 쓰고 養이 쓰인 낱말을 읽어 보세요.

☐ 老(양로) : 노인을 위로하여 편안히 받드는 일 (老 : 늙을 로)

☐ 子(양자) : ① 입양으로 아들이 된 사람 ② 아들 없는 집에서 대를 잇기 위해 한 계통에서 데려다 기르는 사내 (子 : 아들 자)

🌸 다음 한자의 훈과 음을 알아 보세요.

魚

훈 고기/물고기 음 어

'고기, 물고기' 등을 뜻합니다.

🌸 순서에 맞게 魚를 쓰고 훈과 음을 쓰세요.

魚부수	魚魚魚魚魚魚魚魚魚魚魚 (총 11획)			
魚	魚	魚	魚	魚
고기/물고기 어				
고기/물고기 어				

魚

고기/물고기 어

🌸 다음 훈음에 맞는 한자를 쓰세요.

고기/물고기 어	고기/물고기 어	고기/물고기 어	고기/물고기 어	고기/물고기 어	고기/물고기 어	고기/물고기 어	고기/물고기 어
魚							

🌸 빈 칸에 魚를 쓰고 魚가 쓰인 낱말을 읽어 보세요.

[ ] 類(어류) : 물고기의 무리

(類 : 무리 류)

水 [ ] 之交(수어지교) : ① 아주 친밀하여 떨어질래야 떨어질 수 없는 사이
② 임금과 신하 사이의 아주 친밀함을 이르는 말

(水 : 물 수)
(之 : 어조사 지)
(交 : 사귈 교)

	월 일	확인
이름		

🌸 다음 한자의 훈과 음을 알아 보세요.

'고기잡다, 어부' 등을 뜻합니다.

훈 고기잡을 음 어

🌸 순서에 맞게 漁를 쓰고 훈과 음을 쓰세요.

氵(水)부수 漁漁漁漁漁漁漁漁漁漁漁漁漁漁 (총 14획)				
漁	漁	漁	漁	漁
고기잡을 어				
고기잡을 어				

漁
고기잡을 어

🌸 다음 훈음에 맞는 한자를 쓰세요.

고기잡을 어	고기잡을 어	고기잡을 어	고기잡을 어	고기잡을 어	고기잡을 어	고기잡을 어	고기잡을 어
漁							

🌸 빈 칸에 漁를 쓰고 漁가 쓰인 낱말을 읽어 보세요.

☐ 夫之利(어부지리) : 양자가 다투는 바람에 엉뚱한 제삼자가 이익을 보게됨

(夫 : 지아비 부)
(之 : 어조사 지)
(利 : 이로울 리)

☐ 場(어장) : ① 고기잡이를 하는 곳 ② 수산물이 풍부한 곳

(場 : 마당 장)

🌱 다음 한자의 훈과 음을 알아 보세요.

億

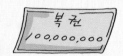

'억, 수가 많다,' 등을 뜻합니다.

훈 억 음 억

🌱 순서에 맞게 億을 쓰고 훈과 음을 쓰세요.

亻(人)부수 億億億億億億億億億億億億億 (총 15획)

億

억 억

億	億	億	億	億
억 억				
억 억				

🌱 다음 훈음에 맞는 한자를 쓰세요.

억 억	억 억	억 억	억 억	억 억	억 억	억 억	억 억
億							

🌱 빈 칸에 億을 쓰고 億이 쓰인 낱말을 읽어 보세요.

一 ☐ (일억) : 100,000,000

(一 : 한 일)

☐ 萬長者(억만장자) : 헤아릴 수 없을 정도의 많은 재산을 가진 사람, 아주 큰 부자

(萬 : 일만 만)
(長 : 긴 장)
(者 : 놈 자)

이야기로 익히는 **한자 2**

☆ 다음 빈 칸에 알맞은 음(音)이나 한자(漢字)를 **보기**에서 찾아 쓰세요.

⁽¹⁾"訓長(　　　)님, 궁금한 것이 있어 벽장을 열어 보다 제가 그만……."

장난꾸러기 아이는 事實(⁽²⁾　　　)대로 말했습니다.

"아니, 벽장을 열어(⁽³⁾　　)보았단 말이냐, 그래 무엇이 궁금한고?"

"네, 저기 보이는(⁽⁴⁾　　) 항아리 안에 든 것이 무엇이옵니까?"

"저, 저 항아리 속에는 약이 들어 있으니 절대로 먹으면 안 된다."

"무슨 약이 옵니까?"

"독약이다. 먹으면 죽는다. 그러니 절대로 먹지 말도록 해라! 흠흠."

훈장님은 아이(⁽⁵⁾　　)의 질문에 당황하여 머리를 밟힌 것도 잊었습니다.

며칠이 지난 어느 날이었습니다. 〈계속〉

보기　　①훈장　　②사실　　③兒　　④示　　⑤開

1 다음 漢字語의 讀音을 쓰세요.

(1) 魚類　（　　　）　　(2) 數億　（　　　）

(3) 臣下　（　　　）　　(4) 果實　（　　　）

(5) 兒童　（　　　）　　(6) 惡性　（　　　）

(7) 法案　（　　　）　　(8) 約束　（　　　）

(9) 養子　（　　　）　　(10) 人魚　（　　　）

(11) 漁船　（　　　）　　(12) 規約　（　　　）

(13) 使臣　（　　　）　　(14) 實感　（　　　）

(15) 小兒　（　　　）　　(16) 改惡　（　　　）

(17) 答案　（　　　）　　(18) 約分　（　　　）

(19) 養老　（　　　）　　(20) 漁夫　（　　　）

2 다음 漢字의 訓과 음을 쓰세요.

(1) 約　（　　　）　　(2) 億　（　　　）

(3) 魚　（　　　）　　(4) 實　（　　　）

(5) 兒　（　　　）　　(6) 臣　（　　　）

3 다음 밑줄 친 낱말을 漢字로 쓰세요.

(1) 긴급상황에서는 노인과 <u>아녀자</u>를 먼저 대피시켜야 합니다.

(2) 금융 <u>실명</u>제가 도입 되었습니다.

(3) 그는 <u>악명</u> 높은 도둑입니다.

(4) <u>신하</u>는 모름지기 임금에게 충성을 하여야 합니다.

(5) <u>인어</u>공주는 결국 물거품으로 변하고 말았습니다.

(6) <u>억만장자</u>가 대통령 선거에 출마한다고 합니다.

(7) 공무원 부패방지<u>법안</u>이 곧 통과 될 것입니다.

(8) 그 <u>어촌</u>의 아침은 분주합니다.

(9) 청이는 지극정성으로 아버지를 <u>봉양</u>했다.

(10) 꼭 다시 돌아오겠다고 <u>약속</u>합니다.

4 다음 訓과 音에 맞는 漢字를 쓰세요.

(1) 책상 안　　　　(　　　　　　) (2) 기를 양　　　　(　　　　　　)

(3) 고기잡을 어　　(　　　　　　) (4) 악할 악/미워할 오 (　　　　　)

5 다음 漢字와 뜻이 상대 또는 반대되는 漢字를 쓰세요.

| 例 | 男 ↔ 女 |

(1) 惡 ↔ (　　　　　　)

6 다음 ( )에 들어갈 漢字를 〈보기〉에서 골라 그 番號를 쓰세요.

보 기　① 億　② 意　③ 臣　④ 失

(1) ( )萬長者

7 다음 漢字와 뜻이 같거나 비슷한 漢字를 골라 그 番號를 쓰세요.

(1) 果 – (① 室　② 實　③ 課　④ 界)

(2) 兒 – (① 臣　② 重　③ 童　④ 安)

(3) 養 – (① 育　② 良　③ 食　④ 陽)

8 다음 漢字와 음이 같은 漢字를 골라 그 番號를 쓰세요.

(1) 藥 – (① 養　② 落　③ 惡　④ 約)

(2) 室 – (① 實　② 到　③ 堂　④ 當)

(3) 神 – (① 社　② 臣　③ 禮　④ 類)

9 다음 漢字語의 뜻을 쓰세요.

例　讀音 : ① 글 읽는 소리 ② 한자의 음

(1) 功臣 – ( )　(2) 小兒 – ( )

(3) 惡人 – ( )　(4) 實名 – ( )

10 다음 漢字의 略字(획수를 줄인 漢字)를 쓰세요.

| 例 | 禮 → 礼 |

(1) 實 – (   )   (2) 兒 – (   )

(3) 惡 – (   )

11 다음 물음에 답하세요.

(1)  ㉠획의 쓰는 순서를 아래에서 골라 번호를 쓰세요.

① 세 번째   ② 네 번째

③ 다섯 번째   ④ 여섯 번째

(2) ㉠획의 쓰는 순서를 아래에서 골라 번호를 쓰세요.

① 첫 번째   ② 두 번째

③ 세 번째   ④ 네 번째

(3) 쓰는 순서가 맞는 것을 아래에서 골라 번호를 쓰세요.

① ㉡ – ㉢ – ㉠ – ㉤ – ㉥ – ㉦ – ㉣ – ㉧

② ㉡ – ㉢ – ㉤ – ㉠ – ㉥ – ㉦ – ㉣ – ㉧

③ ㉡ – ㉢ – ㉠ – ㉤ – ㉦ – ㉥ – ㉧ – ㉣

④ ㉡ – ㉢ – ㉤ – ㉠ – ㉦ – ㉥ – ㉧ – ㉣

한자 수수께끼

☆ 어떤 한자일까요? 맞춰 보세요.

개에 입이 네 개 달려 있는 한자는 무엇일까요?

원두막 위에 네 사람이 올라가 앉아 있는 한자는 무엇일까요?

해 답

▶ **器** 그릇 기(犬개+口口口口네 개의 입)

▶ **傘** 우산 산(仐원두막+夶夶네 사람)

• 器 : 그릇 기(口-총 16획) • 傘 : 우산 산(人-총 12획) • 犬 : 개 견(犬-총 4획)

5급 ③과정 한자능력검정시험

 熱 더울 열

 葉 잎 엽

 屋 집 옥

完 완전할 완

要 요긴할 요

 曜 빛날 요

 浴 목욕할 욕

 牛 소 우

 友 벗 우

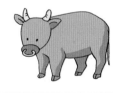 雨 비 우

🌼 다음 한자의 훈과 음을 알아 보세요.

熱
훈 더울 음 열

'덥다, 열중하다, 열' 등을 뜻합니다.

• 상대반의어 : 冷(찰 랭), 寒(찰 한)
• 유의어 : 溫(따뜻할 온)

🌼 순서에 맞게 熱을 쓰고 훈과 음을 쓰세요.

더울 열

····(火)부수 熱 熱 熱 熱 熱 熱 熱 熱 熱 熱 熱 熱 熱 熱 熱 (총 15획)

熱	熱	熱	熱	熱
더울 열				
더울 열				

🌼 다음 훈음에 맞는 한자를 쓰세요.

더울 열	더울 열	더울 열	더울 열	더울 열	더울 열	더울 열	더울 열
熱							

🌼 빈 칸에 熱을 쓰고 熱이 쓰인 낱말을 읽어 보세요.

☐ 氣(열기) : ① 뜨거운 기운
           ② 흥분한 기운   (氣 : 기운 기)

☐ 心(열심) : 대단히 정성들이는 마음   (心 : 마음 심)

🌸 다음 한자의 훈과 음을 알아 보세요.

葉
훈잎 음엽

'잎, 잎처럼 얇고 평평한 물건, 시대' 등을 뜻합니다.

🌸 순서에 맞게 葉을 쓰고 훈과 음을 쓰세요.

葉 잎 엽	┅┅ (艸)부수	葉葉葉葉葉葉葉葉葉葉葉葉葉 (총 13획)
	葉 / 葉 / 葉 / 葉 / 葉	
	잎 엽	
	잎 엽	

🌸 다음 훈음에 맞는 한자를 쓰세요.

잎 엽	잎 엽	잎 엽	잎 엽	잎 엽	잎 엽	잎 엽	잎 엽
葉							

🌸 빈 칸에 葉을 쓰고 葉이 쓰인 낱말을 읽어 보세요.

☐ 書(엽서) : 크기와 지질이 한정되고 우편 요금의 우표를 인쇄한 통신 용지 (書 : 글 서)

中 ☐ (중엽) : (시대나 세기 따위의) 중간(中間) 무렵 (中 : 가운데 중)

월 일
이름 확인

🌸 다음 한자의 훈과 음을 알아 보세요.

屋
훈 집 음 옥

'**집, 지붕**' 등을 뜻합니다.
· 유의어 : 家(집 가), 室(집 실),
宅(집 택/댁)

🌸 순서에 맞게 屋을 쓰고 훈과 음을 쓰세요.

屋
집 옥

尸부수	屋屋屋屋屋屋屋屋屋 (총 9획)				
	屋	屋	屋	屋	屋
집옥					
집옥					

🌸 다음 훈음에 맞는 한자를 쓰세요.

집옥	집옥	집옥	집옥	집옥	집옥	집옥	집옥
屋							

🌸 빈 칸에 屋을 쓰고 屋이 쓰인 낱말을 읽어 보세요.

家☐ (가옥) : 사람이 사는 집　　　　　　　　(家 : 집 가)

☐上 (옥상) : 지붕 위　　　　　　　　(上 : 윗 상)

월   일   확인
이름

🌸 다음 한자의 훈과 음을 알아 보세요.

完

훈 완전할 음 완

'**완전하다, 완결하다**' 등을
뜻합니다.
• 유의어 : 全(온전 전)

🌸 순서에 맞게 完을 쓰고 훈과 음을 쓰세요.

完 완전할 완	宀부수	完完完完完完完 (총 7획)
	完	完 完 完 完 完
	완전할 완	
	완전할 완	

🌸 다음 훈음에 맞는 한자를 쓰세요.

완전할 완	완전할 완	완전할 완	완전할 완	완전할 완	완전할 완	완전할 완	완전할 완
完							

🌸 빈 칸에 完을 쓰고 完이 쓰인 낱말을 읽어 보세요.

☐ 結(완결) : 완전하게 끝마침   (結 : 맺을 결)

☐ 勝(완승) : 완전히 승리함   (勝 : 이길 승)

❀ 다음 한자의 훈과 음을 알아 보세요.

要

훈 요긴할 음 요

'요긴하다, 구하다, 요컨대'
등을 뜻합니다.

❀ 순서에 맞게 要를 쓰고 훈과 음을 쓰세요.

要 요긴할 요	襾부수		要 要 要 要 要 要 要 要 要 (총 9획)		
	要	要	要	要	要
	요긴할 요				
	요긴할 요				

❀ 다음 훈음에 맞는 한자를 쓰세요.

요긴할 요	요긴할 요	요긴할 요	요긴할 요	요긴할 요	요긴할 요	요긴할 요	요긴할 요
要							

❀ 빈 칸에 要를 쓰고 要가 쓰인 낱말을 읽어 보세요.

重 [ ] (중요) : 소중하고 요긴함   (重 : 무거울 중)

[ ] 領(요령) : ① 제일 필요한 대목 ② 반드시 알아야 할 점
③ 적당히 꾀를 부려 하는 짓   (領 : 거느릴 령)

竹 馬 故 友 (죽마고우)

대 죽　　　말 마　　　연고 고　　　벗 우

'대나무(竹)로 만든 말(馬)을 타고 놀던 옛(故) 친구(友)'라는 뜻으로 **어렸을 때부터 같이 놀며 자란 오랜 친구**를 가리키는 말입니다. 진(晉)나라 사람 은호와 환온은 서로 어릴 때부터 절친한 친구였습니다. 훗날 은호는 중원 장군이 되어 출병했으나 싸워보지도 못하고 말에서 떨어져 돌아 왔습니다. 이에 환온은 상소를 올려 은호를 변방에 쫓아버리고 말하기를 "은호는 나와 어릴 때 죽마(竹馬)를 타고 놀던 친구(故友)였지만 내가 죽마를 버리면 은호가 늘 가져갔다. 그러니 그가 내 밑에서 머리를 숙이는 것은 당연한 일이다.'라고 말한데서 유래되었습니다.

🌻 다음 한자의 훈과 음을 알아 보세요.

'빛나다, 일주일' 등을 뜻합니다.

훈 빛날 음 요

🌻 순서에 맞게 曜를 쓰고 훈과 음을 쓰세요.

日부수	曜曜曜曜曜曜曜曜曜曜曜曜曜曜 (총 18획)				
曜 빛날 요	曜	曜	曜	曜	曜
	빛날 요				
	빛날 요				

🌻 다음 훈음에 맞는 한자를 쓰세요.

빛날 요	빛날 요	빛날 요	빛날 요	빛날 요	빛날 요	빛날 요	빛날 요
曜							

🌻 빈 칸에 曜를 쓰고 曜가 쓰인 낱말을 읽어 보세요.

☐ 日 (요일) : 일·월·화·수·목·금·토에 붙어 1주일의 각 날을 나타내는 말   (日 : 날 일)

月 ☐ 病 (월요병) : 직장인이 일요일을 쉬고 난 월요일이 되면 느끼는 피로나 신체적 무력감   (月 : 달 월)
(病 : 병 병)

월   일
이름   확인

🌸 다음 한자의 훈과 음을 알아 보세요.

浴

훈 목욕할 음 욕

'**목욕하다, 미역감다**' 등을 뜻합니다.

🌸 순서에 맞게 浴을 쓰고 훈과 음을 쓰세요.

氵(水)부수	浴浴浴浴浴浴浴浴浴浴 (총 10획)

浴

목욕할 욕

목욕할 욕				
목욕할 욕				

🌸 다음 훈음에 맞는 한자를 쓰세요.

목욕할 욕	목욕할 욕	목욕할 욕	목욕할 욕	목욕할 욕	목욕할 욕	목욕할 욕	목욕할 욕
浴							

🌸 빈 칸에 浴을 쓰고 浴이 쓰인 낱말을 읽어 보세요.

☐室(욕실) : 목욕하는 설비가 되어 있는 방   (室 : 집 실)

日光☐(일광욕) : 온몸을 햇빛에 쬐어 몸을 튼튼하게 하는 일   (日 : 날 일)
(光 : 빛 광)

5급 빨리따기

🌼 다음 한자의 훈과 음을 알아 보세요.

牛
훈 소 음 우

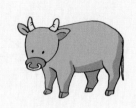

'소, 별 이름' 등을 뜻합니다.

🌼 순서에 맞게 牛를 쓰고 훈과 음을 쓰세요.

牛	牛부수			牛 牛 牛 牛 (총 4획)	
	牛	牛	牛	牛	牛
	소 우				
소 우					
	소 우				

🌼 다음 훈음에 맞는 한자를 쓰세요.

소 우	소 우	소 우	소 우	소 우	소 우	소 우	소 우
牛							

🌼 빈 칸에 牛를 쓰고 牛가 쓰인 낱말을 읽어 보세요.

☐ 車(우차) : 소가 끄는 수레, 소달구지   (車 : 수레 거/차)

☐ 馬(우마) : 소와 말, 마소   (馬 : 말 마)

🌸 다음 한자의 훈과 음을 알아 보세요.

友
훈벗 음우

'벗, 우애' 등을 뜻합니다.

🌸 순서에 맞게 友를 쓰고 훈과 음을 쓰세요.

又부수					友友友友 (총 4획)
友	友	友	友	友	友
벗 우	벗우				
벗 우	벗우				

🌸 다음 훈음에 맞는 한자를 쓰세요.

벗우	벗우	벗우	벗우	벗우	벗우	벗우	벗우
友							

🌸 빈 칸에 友를 쓰고 友가 쓰인 낱말을 읽어 보세요.

交[ ]以信(교우이신) : 세속 오계의 하나. 벗은 믿음으로써 사귀어야 한다는 말   (交 : 사귈 교) (以 : 써 이) (信 : 믿을 신)

學[ ](학우) : 한 학교에서 같이 공부하는 벗   (學 : 배울 학)

❀ 다음 한자의 훈과 음을 알아 보세요.

雨

훈 비 음 우

'비, 비오다' 등을 뜻합니다.

❀ 순서에 맞게 雨를 쓰고 훈과 음을 쓰세요.

雨 비 우	雨부수			雨雨雨雨雨雨雨雨 (총 8획)	
	雨	雨	雨	雨	雨
	비 우				
	비 우				

❀ 다음 훈음에 맞는 한자를 쓰세요.

비 우	비 우	비 우	비 우	비 우	비 우	비 우	비 우
雨							

❀ 빈 칸에 雨를 쓰고 雨가 쓰인 낱말을 읽어 보세요.

☐ 期(우기) : 비가 많이 내리는 시기　　　　　　　　　(期 : 기약할 기)

☐ 天(우천) : 비가 오는 날씨　　　　　　　　　　　　(天 : 하늘 천)

⭐ 다음 빈 칸에 알맞은 음(音)이나 한자(漢字)를 **보기**에서 찾아 쓰세요.

훈장님이 외출(⁽¹⁾□□) 할 일이 생겼습니다.

"내가 지금 밖에서 일을 보고 올 테니 너희들은 글을 열심히 읽도록(⁽²⁾□) 해라. 그리고 벽장을 절대로 열어서는 아니 된다. 약속(⁽³⁾□□) 할 수 있겠느냐. 내 다녀와서 한 사람씩 시험을 볼 것이다!"

훈장님은 아이들에게 단단히 이르고 외출을 했습니다.

그러나 장난꾸러기 아이는 글을 외는 척 하다가 궁금해서 견딜 수가 없었습니다.

훈장님의 책상(⁽⁴⁾□)을 끌어다 놓고 그 위(⁽⁵⁾□)를 올라갔습니다.

그리고 드디어 벽장 속의 항아리 뚜껑을 열었습니다.   〈계속〉

보기   ① 外出   ② 約束   ③ 讀   ④ 案   ⑤ 上

월	일	이름	확인

1 다음 漢字語의 讀音을 쓰세요.

(1) 雨期　　(　　　　　)　　(2) 牛角　　(　　　　　)

(3) 葉書　　(　　　　　)　　(4) 家屋　　(　　　　　)

(5) 浴室　　(　　　　　)　　(6) 要件　　(　　　　　)

(7) 曜日　　(　　　　　)　　(8) 級友　　(　　　　　)

(9) 熱中　　(　　　　　)　　(10) 數十億 (　　　　　)

(11) 友軍　　(　　　　　)　　(12) 熱氣　　(　　　　　)

(13) 落葉　　(　　　　　)　　(14) 屋上　　(　　　　　)

(15) 完成　　(　　　　　)　　(16) 雨量　　(　　　　　)

(17) 日光浴 (　　　　　)　　(18) 重要　　(　　　　　)

(19) 牛馬車 (　　　　　)　　(20) 完勝　　(　　　　　)

2 다음 漢字의 訓과 음을 쓰세요.

(1) 熱　(　　　　　)　　(2) 曜　(　　　　　)

(3) 牛　(　　　　　)　　(4) 雨　(　　　　　)

(5) 浴　(　　　　　)　　(6) 葉　(　　　　　)

3 다음 밑줄 친 낱말을 漢字로 쓰세요.

(1) 해수욕장에 사람이 많습니다.

(2) 요일별로 식단을 짜두었습니다.

(3) 오늘 경기에서도 우리팀이 완승을 거두었습니다.

(4) 열심히 공부하시면 좋은 결과가 있을 것입니다.

(5) 학우 간에 사이좋게 지내거라.

(6) 가을을 타는지 낙엽만 보아도 눈물이 납니다.

(7) 우리나라에서는 7, 8월이 우기에 속합니다.

(8) 사실 그리 중요한 문제는 아닙니다.

(9) 명절이 되어 한우가 많이 팔립니다.

(10) 에어컨 실외기는 옥상에 설치하겠습니다.

4 다음 訓과 音에 맞는 漢字를 쓰세요.

(1) 요긴할 요 (   )   (2) 완전할 완 (   )

(3) 집 옥   (   )   (4) 벗 우   (   )

5 다음 漢字와 뜻이 상대 또는 반대되는 漢字를 쓰세요.

例   男 ↔ 女

(1) 冷 ↔ (   )

6 다음 ( )에 들어갈 漢字를 〈보기〉에서 골라 그 番號를 쓰세요.

> 보 기   ① 語 ② 漁 ③ 魚 ④ 火

(1) 水(   )之交   (2) (   )夫之利

7 다음 漢字와 뜻이 같거나 비슷한 漢字를 골라 그 番號를 쓰세요.

(1) 全 − (① 金 ② 完 ③ 命 ④ 今)

(2) 屋 − (① 要 ② 曜 ③ 相 ④ 室)

(3) 熱 − (① 然 ② 溫 ③ 體 ④ 例)

8 다음 漢字와 음이 같은 漢字를 골라 그 番號를 쓰세요.

(1) 要 − (① 女 ② 變 ③ 曜 ④ 浴)

(2) 語 − (① 話 ② 漁 ③ 五 ④ 說)

9 다음 漢字語의 뜻을 쓰세요.

> 例   讀音 : ① 글 읽는 소리 ② 한자의 음

(1) 完結 − (   )   (2) 屋上 − (   )

(3) 重要 − (   )   (4) 完勝 − (   )

월   일 이름   확인

10 다음 漢字의 略字(획수를 줄인 漢字)를 쓰세요.

> 例 | 禮 → 礼

(1) 廣 – (   )

11 다음 물음에 답하세요.

(1)  ㉠획의 쓰는 순서를 아래에서 골라 번호를 쓰세요.

① 첫 번째　　　　　　② 두 번째

③ 세 번째　　　　　　④ 네 번째

(2) ㉠획의 쓰는 순서를 아래에서 골라 번호를 쓰세요.

① 네 번째　　　　　　② 다섯 번째

③ 여섯 번째　　　　　④ 일곱 번째

(3) 完 쓰는 순서가 맞는 것을 아래에서 골라 번호를 쓰세요.

① ㉢ – ㉡ – ㉣ – ㉥ – ㉠ – ㉢ – ㉤

② ㉢ – ㉤ – ㉥ – ㉠ – ㉣ – ㉡ – ㉢

③ ㉠ – ㉡ – ㉢ – ㉣ – ㉤ – ㉢ – ㉥

④ ㉢ – ㉡ – ㉣ – ㉠ – ㉥ – ㉤ – ㉢

한자 수수께끼

☆ 어떤 한자일까요? 맞춰 보세요.

나무 끝에 올라가 서서 바라보는 한자는 무엇일까요?

개 두 마리가 마주보며 이야기하는 것은 무슨 한자일까요?

해답

▶ 親 친할/어버이 친 (木 나무 + 立 서다 + 見 보다)

▶ 獄 감옥 옥 (犭 개사슴 + 言 말하다 + 犬 개)

• 親 : 친할/어버이 친(見-총 16획)   • 獄 : 감옥 옥(犬-총 14획)   • 犭 : 개사슴록

5급 ③과정 한자능력검정시험

 雲 구름 운

雄 수컷 웅

 元 으뜸 원

院 집 원

 原 언덕 원

願 원할 원

 位 자리 위

 偉 클 위

 以 써 이

 耳 귀 이

❀ 다음 한자의 훈과 음을 알아 보세요.

雲

훈 구름 음 운

'구름, 많거나 높음을 비유하는 말' 등을 뜻합니다.

❀ 순서에 맞게 雲을 쓰고 훈과 음을 쓰세요.

雲 구름 운	雨부수	雲雲雲雲雲雲雲雲雲雲雲雲 (총 12획)				
		雲	雲	雲	雲	雲
	구름 운					
	구름 운					

❀ 다음 훈음에 맞는 한자를 쓰세요.

구름 운	구름 운	구름 운	구름 운	구름 운	구름 운	구름 운	구름 운
雲							

❀ 빈 칸에 雲을 쓰고 雲이 쓰인 낱말을 읽어 보세요.

☐ 集(운집) : 구름처럼 많이 모임　　　　　　　　(集 : 모을 집)

靑☐(청운) : 높은 명예나 벼슬을 이르는 말　　　　(靑 : 푸를 청)

5급 빨리따기

월   일
이름 □□□ 확인 □□□

🌸 다음 한자의 훈과 음을 알아 보세요.

雄
훈 수컷 음 웅

 '수컷, 씩씩하다' 등을 뜻합니다.

🌸 순서에 맞게 雄을 쓰고 훈과 음을 쓰세요.

雄	隹 부수	雄 雄 雄 雄 雄 雄 雄 雄 雄 雄 雄 雄 (총 12획)				
		雄	雄	雄	雄	雄
	수컷 웅					
수컷 웅	수컷 웅					

🌸 다음 훈음에 맞는 한자를 쓰세요.

수컷 웅	수컷 웅	수컷 웅	수컷 웅	수컷 웅	수컷 웅	수컷 웅	수컷 웅
雄							

🌸 빈 칸에 雄을 쓰고 雄이 쓰인 낱말을 읽어 보세요.

□大(웅대) : 굉장히 큼   (大 : 큰 대)

英□(영웅) : 재주 · 용맹이 뛰어나 큰 일을 이룬 사람   (英 : 꽃부리 영)

🌸 다음 한자의 훈과 음을 알아 보세요.

元

훈 으뜸 음 원

 '으뜸, 우두머리' 등을 뜻합니다.

🌸 순서에 맞게 元을 쓰고 훈과 음을 쓰세요.

	儿 부수				元 元 元 元 (총 4획)
元 으뜸 원	元	元	元	元	元
	으뜸 원				
	으뜸 원				

🌸 다음 훈음에 맞는 한자를 쓰세요.

으뜸 원	으뜸 원	으뜸 원	으뜸 원	으뜸 원	으뜸 원	으뜸 원	으뜸 원
元							

🌸 빈 칸에 元을 쓰고 元이 쓰인 낱말을 읽어 보세요.

☐ 老(원로) : 어떤 분야에 오래 종사하여 공로가 많고 덕망이
높은 사람   (老 : 늙을 로)

☐ 首(원수) : 한 나라를 대표하는 임금이나 대통령   (首 : 머리 수)

5급 빨리따기

월   일   확인

이름

🌸 다음 한자의 훈과 음을 알아 보세요.

院

훈집 음원

'집, 담, 마을' 등을 뜻합니다.

🌸 순서에 맞게 院을 쓰고 훈과 음을 쓰세요.

院 집 원	ß (阜)부수 院院院院院院院院院院 (총 10획)

院 院 院 院 院

집원				
집원				

🌸 다음 훈음에 맞는 한자를 쓰세요.

집원	집원	집원	집원	집원	집원	집원	집원
院							

🌸 빈 칸에 院을 쓰고 院이 쓰인 낱말을 읽어 보세요.

☐長(원장) : 병원·학원 등 '원' 자가 붙은 시설의 우두머리　　(長 : 긴 장)

大學☐(대학원) : 대학을 졸업한 사람이 보다 전문적으로 학문과 기술을 공부하는 과정　　(大 : 큰 대) (學 : 배울 학)

🌸 다음 한자의 훈과 음을 알아 보세요.

原

훈 언덕 음 원

'언덕, 근원, 들' 등을 뜻합니다.

🌸 순서에 맞게 原을 쓰고 훈과 음을 쓰세요.

原 언덕 원	ㄏ부수		原原原原原原原原原 (총 10획)		
	原	原	原	原	原
	언덕 원				
	언덕 원				

🌸 다음 훈음에 맞는 한자를 쓰세요.

언덕 원	언덕 원	언덕 원	언덕 원	언덕 원	언덕 원	언덕 원	언덕 원
原							

🌸 빈 칸에 原을 쓰고 原이 쓰인 낱말을 읽어 보세요.

☐ 理(원리) : 으뜸이 되는 이치   (理 : 다스릴 리)

☐ 書(원서) : 베끼거나 번역한 책이 아닌 본래의 책   (書 : 글 서)

馬 耳 東 風 (마이동풍)

말 **마**   귀 **이**   동쪽 **동**   바람 **풍**

'말(馬)의 귀(耳)로 봄 바람(東風)이 스쳐간다.'는 말로 남의 말을 귀담아 듣지 않고 흘려 버리는 것을 비유합니다. '세상 사람들은 시인의 말 따위에는 귀를 기울이려 들지 않네. 마치 봄바람이 말의 귓가를 스치는 것과 다를 바 없다네.'라는 당(唐) 나라의 유명한 시인 이백(李白)이 왕십이 라는 친구에게 보낸 시의 한 구절입니다.

🌸 다음 한자의 훈과 음을 알아 보세요.

願

훈 원할 음 원

'원하다, 바라다' 등을 뜻합니다.

🌸 순서에 맞게 願을 쓰고 훈과 음을 쓰세요.

願 원할 원	頁부수	願 願 願 願 願 願 願 願 願 願 (총 19획)			
	願	願	願	願	願
	원할 원				
	원할 원				

🌸 다음 훈음에 맞는 한자를 쓰세요.

원할 원	원할 원	원할 원	원할 원	원할 원	원할 원	원할 원	원할 원
願							

🌸 빈 칸에 願을 쓰고 願이 쓰인 낱말을 읽어 보세요.

☐ 書(원서) : 청원하는 뜻을 기록한 서류

(書 : 글 서)

念☐ (염원) : 마음 속 깊이 생각하고 바람

(念 : 생각 념)

월   일   확인

이름

😊 다음 한자의 훈과 음을 알아 보세요.

位

'자리, 품위' 등을 뜻합니다.

훈 자리 음 위

😊 순서에 맞게 位를 쓰고 훈과 음을 쓰세요.

位 자리 위	イ(人)부수			位位位位位位位 (총 7획)	
	位 자리 위	位	位	位	位
	자리 위				

😊 다음 훈음에 맞는 한자를 쓰세요.

자리 위	자리 위	자리 위	자리 위	자리 위	자리 위	자리 위	자리 위
位							

😊 빈 칸에 位를 쓰고 位가 쓰인 낱말을 읽어 보세요.

上 ☐ (상위) : 높은 지위   (上 : 윗 상)

方 ☐ (방위) : 어떤 방향의 위치   (方 : 모 방)

🌸 다음 한자의 훈과 음을 알아 보세요.

偉

훈 클 음 위

'크다, 훌륭하다' 등을 뜻합니다.
• 유의어 : 大(큰 대)

🌸 순서에 맞게 偉를 쓰고 훈과 음을 쓰세요.

偉 클 위	亻(人)부수	偉偉偉偉偉偉偉偉偉偉偉 (총 11획)
	偉 / 偉 / 偉 / 偉 / 偉	
	클 위	
	클 위	

🌸 다음 훈음에 맞는 한자를 쓰세요.

클 위	클 위	클 위	클 위	클 위	클 위	클 위	클 위
偉							

🌸 빈 칸에 偉를 쓰고 偉가 쓰인 낱말을 읽어 보세요.

☐ 大(위대) : 뛰어나고 훌륭함 (大 : 큰 대)

☐ 人(위인) : 뛰어나고 훌륭한 사람 (人 : 사람 인)

	월	일	확인
이름			

🌳 다음 한자의 훈과 음을 알아 보세요.

以

'~로써, ~부터, 까닭' 등을 뜻합니다.

훈 써 음 이

🌳 순서에 맞게 以를 쓰고 훈과 음을 쓰세요.

以 써 이	人부수		以以以以以 (총 5획)		
	以	以	以	以	以
	써 이				
	써 이				

🌳 다음 훈음에 맞는 한자를 쓰세요.

써 이	써 이	써 이	써 이	써 이	써 이	써 이	써 이
以							

🌳 빈 칸에 以를 쓰고 以가 쓰인 낱말을 읽어 보세요.

☐ 下 (이하) : 일정한 한도의 아래, 이 다음 (下 : 아래 하)

所 ☐ (소이) : 까닭 (所 : 바/곳 소)

🌳 다음 한자의 훈과 음을 알아 보세요.

耳
훈 귀 음 이

 '귀, 귀에 익다' 등을 뜻합니다.

🌳 순서에 맞게 耳를 쓰고 훈과 음을 쓰세요.

耳 귀 이	耳부수			耳耳耳耳耳耳 (총 6획)	
	耳	耳	耳	耳	耳
	귀이				
	귀이				

🌳 다음 훈음에 맞는 한자를 쓰세요.

귀이	귀이	귀이	귀이	귀이	귀이	귀이	귀이
耳							

🌳 빈 칸에 耳를 쓰고 耳가 쓰인 낱말을 읽어 보세요.

☐順(이순) : 어떤 일을 들으면 곧 이해가 된다는 말로 나이 예순 살을 이름   (順 : 순할 순)

☐目口鼻(이목구비) : 눈·코·입 등을 중심으로 한 얼굴의 생김새   (目 : 눈 목)
(口 : 입 구)
(鼻 : 코 비)

이야기로 익히는 **한자 4**

☆ 다음 빈 칸에 알맞은 음(音)이나 한자(漢字)를 **보기**에서 찾아 쓰세요.

그런데 이게 웬 일입니까! 그것은 바로 독약이 아닌 너무너무 맛있는 꿀이었습니다.

"우와! 정말 맛있다. 이렇게 맛있는 꿀을 훈장님 혼자만 드셨구나!"

훈장님의 명령대로 글을 열심히 읽고 있던 다른 친구⁽¹⁾(　　)들도 구름⁽²⁾(　)처럼 몰려들었습니다.

"나도 한 번 먹자!, 나도 한번!"

갑자기 몰려든 아이들이 밀어 닥치면서 책상에 서⁽³⁾(　) 있던 아이는 꿀단지를 든 채 자리⁽⁴⁾(　)에서 나동그라지고 말았습니다.

꿀단지도 완전⁽⁵⁾(　　)히 산산 조각 나고 말았습니다.

방바닥은 마치 꿀로 목욕⁽⁶⁾(　)을 한 것처럼 난장판이 되어 버렸습니다.

〈계속〉

보기   ① 親舊   ② 完全   ③ 雲   ④ 位   ⑤ 立   ⑥ 浴

월   일 이름   확인

1 다음 漢字語의 讀音을 쓰세요.

(1) 英雄   (   )   (2) 下位   (   )

(3) 以下   (   )   (4) 偉大   (   )

(5) 學院   (   )   (6) 元首   (   )

(7) 耳順   (   )   (8) 原理   (   )

(9) 元老   (   )   (10) 方位   (   )

(11) 以來   (   )   (12) 宿願   (   )

(13) 偉力   (   )   (14) 耳目   (   )

(15) 雄大   (   )   (16) 雲集   (   )

(17) 靑雲   (   )   (18) 院長   (   )

(19) 原書   (   )   (20) 願望   (   )

2 다음 漢字의 訓과 音을 쓰세요.

(1) 以   (   )   (2) 雲   (   )

(3) 原   (   )   (4) 偉   (   )

(5) 耳   (   )   (6) 位   (   )

월   일 이름   확인

3 다음 밑줄 친 낱말을 漢字로 쓰세요.

(1) 위인전을 읽고 감상문을 써야 합니다.

(2) 그는 원로 가수입니다.

(3) 우리 민족의 염원은 남북 통일이다.

(4) 대통령 이하 모든 각료들이 회의장에 모였습니다.

(5) 그 분은 모든 일을 원리원칙대로 처리하시는 분입니다.

(6) 운집한 군중 앞에서 선거 유세를 합니다.

(7) 우리 나라에 세계의 이목이 집중되고 있습니다.

(8) 대학원에 진학할 예정입니다.

(9) 재위 3년만에 왕위를 물려주었습니다.

(10) 웅대한 계획을 세워야 합니다.

4 다음 訓과 音에 맞는 漢字를 쓰세요.

(1) 원할 원 (   )   (2) 수컷 웅 (   )

(3) 집 원   (   )   (4) 으뜸 원 (   )

5 다음 漢字와 뜻이 상대 또는 반대되는 漢字를 쓰세요.

例	男 ↔ 女

(1) 輕 ↔ (   )

6 다음 ( )에 들어갈 漢字를 〈보기〉에서 골라 그 番號를 쓰세요.

> 보기　①以　②理　③耳　④李

(1) ( )目口鼻　　　　　(2) 交友( )信

7 다음 漢字와 뜻이 같거나 비슷한 漢字를 골라 그 番號를 쓰세요.

(1) 偉 − (①五　②小　③大　④多)

8 다음 漢字와 음이 같은 漢字를 골라 그 番號를 쓰세요.

(1) 院 − (①原　②完　③邑　④神)

(2) 二 − (①三　②料　③綠　④以)

(3) 雲 − (①口　②運　③大　④利)

9 다음 漢字語의 뜻을 쓰세요.

> 例　讀音 : ① 글 읽는 소리　② 한자의 음

(1) 原理 − (　　　　　) (2) 念願 − (　　　　　)

(3) 上位 − (　　　　　) (4) 偉人 − (　　　　　)

10 다음 漢字의 略字(획수를 줄인 漢字)를 쓰세요.

> 例 禮 → 礼

(1) 變 – (   )

11 다음 물음에 답하세요.

(1)  ㉠획의 쓰는 순서를 아래에서 골라 번호를 쓰세요.

① 첫 번째   ② 두 번째

③ 세 번째   ④ 네 번째

(2)  ㉠획의 쓰는 순서를 아래에서 골라 번호를 쓰세요.

① 여섯 번째   ② 일곱 번째

③ 여덟 번째   ④ 아홉 번째

(3) 位 쓰는 순서가 맞는 것을 아래에서 골라 번호를 쓰세요.

① ㉠ – ㉢ – ㉣ – ㉤ – ㉣ – ㉣ – ㉡

② ㉣ – ㉤ – ㉠ – ㉡ – ㉢ – ㉣ – ㉣

③ ㉡ – ㉠ – ㉢ – ㉣ – ㉣ – ㉣ – ㉤

④ ㉣ – ㉣ – ㉤ – ㉣ – ㉢ – ㉠ – ㉡

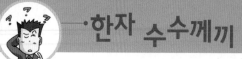

☆ 어떤 한자일까요? 맞춰 보세요.

> 나무 세 그루가 모여서 빽빽하다는 뜻의 한자는 무엇일까요?

> 수레 세 대가 지나가서 굉장히 시끄럽다는 뜻을 나타낸 한자는 무엇일까요?

해 답

▶ 森 빽빽할 삼(木나무＋木나무＋木나무)

▶ 轟 수레소리 요란할 굉(車수레＋車수레＋車수레)

· 森 : 빽빽할 삼(木-총 12획) · 轟 : 수레소리 요란할 굉(車-총 21획)

5급 ③과정 한자능력검정시험

 因 인할 인

任 맡길 임

材 재목 재

財 재물 재

再 두 재

災 재앙 재

爭 다툴 쟁

貯 쌓을 저

赤 붉을 적

的 과녁 적

🌼 다음 한자의 훈과 음을 알아 보세요.

因

훈 인할 음 인

'인하다, 원인' 등을 뜻합니다.

• 상대반의어 : 果(실과 과)

🌼 순서에 맞게 因을 쓰고 훈과 음을 쓰세요.

□부수				因因因因因因 (총 6획)
因 인할 인	因 인할 인	因	因	因	因
	인할 인			

🌼 다음 훈음에 맞는 한자를 쓰세요.

인할 인	인할 인	인할 인	인할 인	인할 인	인할 인	인할 인	인할 인
因							

🌼 빈 칸에 因을 쓰고 因이 쓰인 낱말을 읽어 보세요.

原 ☐ (원인) : 일의 말미암은 까닭, 이유

(原 : 언덕 원)

☐ 習 (인습) : 이전부터 전하여 몸에 젖은 풍습

(習 : 익힐 습)

🌼 다음 한자의 훈과 음을 알아 보세요.

任

훈 맡길 음 임

'맡기다, 맡은 일' 등을 뜻합니다.

🌼 순서에 맞게 任을 쓰고 훈과 음을 쓰세요.

任	亻(人)부수		任任任任任任 (총 6획)		
	任	任	任	任	任
	맡길 임				
맡길 임	맡길 임				

🌼 다음 훈음에 맞는 한자를 쓰세요.

맡길 임	맡길 임	맡길 임	맡길 임	맡길 임	맡길 임	맡길 임	맡길 임
任							

🌼 빈 칸에 任을 쓰고 任이 쓰인 낱말을 읽어 보세요.

☐ 期(임기) : 일정한 임무를 맡아 보는 기간   (期 : 기약할 기)

☐ 意(임의) : 마음대로 하는 일   (意 : 뜻 의)

🌼 다음 한자의 훈과 음을 알아 보세요.

材

훈 재목 음 재

'재목, 원료' 등을 뜻합니다.

🌼 순서에 맞게 材를 쓰고 훈과 음을 쓰세요.

材 재목 재	木부수		材材材材材材材 (총 7획)		
	材	材	材	材	材
	재목 재				
	재목 재				

🌼 다음 훈음에 맞는 한자를 쓰세요.

재목 재	재목 재	재목 재	재목 재	재목 재	재목 재	재목 재	재목 재
材							

🌼 빈 칸에 材를 쓰고 材가 쓰인 낱말을 읽어 보세요.

☐料 (재료) : 물건을 만드는 원료   (料 : 헤아릴 료)

教☐ (교재) : 가르치는 데 필요한 재료   (教 : 가르칠 교)

✿ 다음 한자의 훈과 음을 알아 보세요.

財

훈 재물 음 재

'**재물, 처리하다**' 등을 뜻합니다.

✿ 순서에 맞게 財를 쓰고 훈과 음을 쓰세요.

財 재물 재	貝부수 재물 재 재물 재	財財財財財財財財財財 (총 10획) 財 財 財 財 財

✿ 다음 훈음에 맞는 한자를 쓰세요.

재물 재	재물 재	재물 재	재물 재	재물 재	재물 재	재물 재	재물 재
財							

✿ 빈 칸에 財를 쓰고 財가 쓰인 낱말을 읽어 보세요.

☐ 物 (재물) : 돈이나 그 밖의 값나가는 물건   (物 : 물건 물)

☐ 産 (재산) : 개인이나 단체가 소유한 유형·무형의 경제적
가치가 있는 것   (産 : 낳을 산)

✿ 다음 한자의 훈과 음을 알아 보세요.

再

훈두 음재

'둘, 거듭하다' 등을 뜻합니다.

✿ 순서에 맞게 再를 쓰고 훈과 음을 쓰세요.

再 두 재	冂부수				再再再再再再 (총 6획)
	再	再	再	再	再
	두 재				
	두 재				

✿ 다음 훈음에 맞는 한자를 쓰세요.

두 재	두 재	두 재	두 재	두 재	두 재	두 재	두 재
再							

✿ 빈 칸에 再를 쓰고 再가 쓰인 낱말을 읽어 보세요.

☐ 考 (재고) : 다시 생각해 봄　　　　　　　　　　　　(考 : 생각할 고)

☐ 建 (재건) : 무너진 것을 다시 일으켜 세움　　　　　(建 : 세울 건)

만화로 익히는 **고사성어**

錦 上 添 花 (금상첨화)
비단 금　위 상　더할 첨　꽃 화

錦上添花는 '비단(錦) 위(上)에 꽃(花)을 더한다(添).'는 말로 **본래부터 좋던 것이 더욱 좋아졌다**는 뜻으로 사용하는 말입니다. 왕안석의 즉사(卽事)라는 시에서 유래된 고사성어입니다.

5급 빨리따기 85

🌱 다음 한자의 훈과 음을 알아 보세요.

災

훈 재앙 음 재

'재앙, 화재' 등을 뜻합니다.

🌱 순서에 맞게 災를 쓰고 훈과 음을 쓰세요.

재앙 재

火부수				災災災災災災災 (총 7획)
災	災	災	災	災
재앙 재				
재앙 재				

🌱 다음 훈음에 맞는 한자를 쓰세요.

재앙 재	재앙 재	재앙 재	재앙 재	재앙 재	재앙 재	재앙 재	재앙 재
災							

🌱 빈 칸에 災를 쓰고 災가 쓰인 낱말을 읽어 보세요.

火 ☐ (화재) : ① 불 ② 불이 나서 당하는 불행

(火 : 불 화)

天 ☐ 地變(천재지변) : 지진 · 홍수 · 태풍 따위와 같이 자연 현상에 의해 빚어지는 재앙

(天 : 하늘 천)
(地 : 땅 지)
(變 : 변할 변)

5급 빨리따기

🌱 다음 한자의 훈과 음을 알아 보세요.

爭

훈 다툴 음 쟁

'다투다, 따져 말하다' 등을 뜻합니다.
• 유의어 : 競(다툴 경)

🌱 순서에 맞게 爭을 쓰고 훈과 음을 쓰세요.

爭	⺧(爪)부수	爭 爭 爭 爭 爭 爭 爭 爭 (총 8획)			
	爭	爭	爭	爭	爭
	다툴 쟁				
다툴 쟁				약자	争
	다툴 쟁				

🌱 다음 훈음에 맞는 한자를 쓰세요.

다툴 쟁	다툴 쟁	다툴 쟁	다툴 쟁	다툴 쟁	다툴 쟁	다툴 쟁	다툴 쟁
爭							

🌱 빈 칸에 爭을 쓰고 爭이 쓰인 낱말을 읽어 보세요.

戰 ☐ (전쟁) : 나라와 나라 사이의 큰 싸움　　　　(戰 : 싸움 전)

競 ☐ (경쟁) : 서로 겨루어 다툼　　　　(競 : 다툴 경)

❀ 다음 한자의 훈과 음을 알아 보세요.

貯

훈 쌓을 음 저

'쌓다, 저축하다' 등을 뜻합니다.

❀ 순서에 맞게 貯를 쓰고 훈과 음을 쓰세요.

貝부수	貯貯貯貯貯貯貯貯貯貯貯貯 (총 12획)

貯	貯	貯	貯	貯	貯
쌓을 저	쌓을 저				
	쌓을 저				

❀ 다음 훈음에 맞는 한자를 쓰세요.

쌓을 저	쌓을 저	쌓을 저	쌓을 저	쌓을 저	쌓을 저	쌓을 저	쌓을 저
貯							

❀ 빈 칸에 貯를 쓰고 貯가 쓰인 낱말을 읽어 보세요.

☐ 金 (저금) : ① 돈을 모아 둠 ② 돈을 우체국이나 은행에 맡김   (金 : 쇠 금/성 김)

☐ 水 (저수) : 물을 가두어 모아 둠   (水 : 물 수)

	월	일	확인
이름			

🌱 다음 한자의 훈과 음을 알아 보세요.

赤

훈 붉을 음 적

'붉다, 발가숭이' 등을 뜻합니다.

• 상대반의어 : 靑(푸를 청)

🌱 순서에 맞게 赤을 쓰고 훈과 음을 쓰세요.

赤	赤부수	赤 赤 赤 赤 赤 赤 赤 (총 7획)			
	赤	赤	赤	赤	赤
붉을 적	붉을 적				
	붉을 적				

🌱 다음 훈음에 맞는 한자를 쓰세요.

붉을 적	붉을 적	붉을 적	붉을 적	붉을 적	붉을 적	붉을 적	붉을 적
赤							

🌱 빈 칸에 赤을 쓰고 赤이 쓰인 낱말을 읽어 보세요.

☐ 色(적색) : 붉은 색   (色 : 빛 색)

☐ 旗(적기) : 붉은 깃발   (旗 : 기 기)

🌸 다음 한자의 훈과 음을 알아 보세요.

的

훈 과녁 음 적

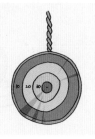

'**과녁, ~의**' 등을 뜻합니다.

🌸 순서에 맞게 的을 쓰고 훈과 음을 쓰세요.

的 과녁 적	白부수	的的的的的的的的 (총 8획)			
	的	的	的	的	的
	과녁 적				
	과녁 적				

🌸 다음 훈음에 맞는 한자를 쓰세요.

과녁 적	과녁 적	과녁 적	과녁 적	과녁 적	과녁 적	과녁 적	과녁 적
的							

🌸 빈 칸에 的을 쓰고 的이 쓰인 낱말을 읽어 보세요.

☐ 中 (적중) : ① 과녁에 맞음
② 무엇에 꼭 들어맞음
(中 : 가운데 중)

公 ☐ (공적) : 사회적으로 관계되는 것
(公 : 공평할 공)

이야기로 익히는 한자 5

☆ 다음 빈 칸에 알맞은 음(音)이나 한자(漢字)를 **보기**에서 찾아 쓰세요.

장난꾸러기 아이는 깨어진 항아리 조각들을 훈장님의 책상 위에 쌓아⁽¹⁾( ) 놓고 자기는 이불을 뒤집어쓰고 방 한가운데 자리를 차지하고 벌러덩 누웠습니다.

얼마 후 훈장님이 돌아 오셨습니다.

"아니 누가 이 항아리를 깨뜨렸느냐?"

"훈장님. 제가 그만 실수⁽²⁾( )로 그 항아리를 깨뜨렸습니다."

"그런데 왜 이불을 뒤집어쓰고 그 곳에 누워있는 게냐?"

"제가 큰 죄를 저질렀으니 죽기를 원하여 훈장님의 독약을 먹고 죽을 때를 기다리고⁽³⁾( )있습니다."

"아니 뭐야, 하하하!" 훈장님은 아이가 재치로써⁽⁴⁾( ) 답하는 것을 듣고 얼굴이 붉어⁽⁵⁾( )지면서, 이후⁽⁶⁾( )로는 꿀을 학동들과 나누어 먹었다고 합니다.

〈끝〉

<u>보기</u> ① 失手 ② 以後 ③ 赤 ④ 待 ⑤ 以 ⑥ 貯

1 다음 漢字語의 讀音을 쓰세요.

(1) 貯金   (   )   (2) 的中   (   )

(3) 原因   (   )   (4) 材木   (   )

(5) 因果   (   )   (6) 火災   (   )

(7) 財物   (   )   (8) 赤旗   (   )

(9) 戰爭   (   )   (10) 任期   (   )

(11) 財産   (   )   (12) 天災   (   )

(13) 競爭   (   )   (14) 目的   (   )

(15) 赤色   (   )   (16) 任意   (   )

(17) 再建   (   )   (18) 敎材   (   )

(19) 再現   (   )   (20) 貯水   (   )

2 다음 漢字의 訓과 音을 쓰세요.

(1) 材   (   )   (2) 任   (   )

(3) 災   (   )   (4) 爭   (   )

(5) 貯   (   )   (6) 赤   (   )

③ 다음 밑줄 친 낱말을 漢字로 쓰세요.

(1) 그가 쏜 화살이 과녁에 <u>적중</u>했습니다.

(2) 몇 년만의 <u>재회</u>인지 모르겠습니다.

(3) 이 책은 한자능력검정시험 준비 <u>교재</u>입니다.

(4) 놀부는 <u>재물</u>에 대한 욕심이 많은 인물형입니다.

(5) 날이 갈수록 돼지 <u>저금</u>통이 조금씩 무거워집니다.

(6) 반장의 <u>임기</u>는 한 학기 동안입니다.

(7) 태양빛은 <u>적외선</u>, 가시광선, 자외선으로 나눠집니다.

(8) 모든 현상에는 그것이 일어나게 된 <u>원인</u>이 있습니다.

(9) 친구와 선의의 <u>경쟁</u>을 하기로 약속했습니다.

(10) <u>화재</u> 신고는 119.

④ 다음 訓과 音에 맞는 漢字를 쓰세요.

(1) 인할 인 (   )   (2) 두 재   (   )

(3) 과녁 적 (   )   (4) 재물 재 (   )

⑤ 다음 漢字와 뜻이 상대 또는 반대되는 漢字를 쓰세요.

例	男 ↔ 女

(1) 因 ↔ (   )   (2) 赤 ↔ (   )

6 다음 (   )에 들어갈 漢字를 〈보기〉에서 골라 그 番號를 쓰세요.

> 보기   ① 以 ② 在 ③ 全 ④ 災

(1) 天(   )地變

7 다음 漢字와 뜻이 같거나 비슷한 漢字를 골라 그 番號를 쓰세요.

(1) 爭 – (① 前 ② 競 ③ 和 ④ 自)

8 다음 漢字와 음이 같은 漢字를 골라 그 番號를 쓰세요.

(1) 財 – (① 見 ② 村 ③ 曜 ④ 材)

(2) 赤 – (① 土 ② 的 ③ 具 ④ 選)

9 다음 漢字語의 뜻을 쓰세요.

> 例   讀音 : ① 글 읽는 소리 ② 한자의 음

(1) 赤旗 – (   ) (2) 再考 – (   )

(3) 任意 – (   ) (4) 的中 – (   )

10 다음 漢字의 略字(획수를 줄인 漢字)를 쓰세요.

> | 例 | 禮 → 礼 |

(1) 爭 - (   )

11 다음 물음에 답하세요.

(1)  ㉠획의 쓰는 순서를 아래에서 골라 번호를 쓰세요.

① 네 번째   ② 다섯 번째

③ 여섯 번째   ④ 일곱 번째

(2)  ㉠획의 쓰는 순서를 아래에서 골라 번호를 쓰세요.

① 일곱 번째   ② 여덟 번째

③ 아홉 번째   ④ 열 번째

(3) 쓰는 순서가 맞는 것을 아래에서 골라 번호를 쓰세요.

① ㉠ - ㉡ - ㉢ - ㉣ - ㉤ - ㉥ - ㉦

② ㉦ - ㉥ - ㉤ - ㉣ - ㉢ - ㉡ - ㉠

③ ㉦ - ㉤ - ㉣ - ㉥ - ㉢ - ㉠ - ㉡

④ ㉦ - ㉤ - ㉣ - ㉥ - ㉡ - ㉠ - ㉢

☆ 어떤 한자일까요? 맞춰 보세요.

十月十日로 만들어진 한자는 무엇일까요?

左君右君으로 만들어진 한자는 무엇일까요?

해답

▶ 朝 아침 조(十 열 십 + 日 날 일 + 十 열 십 + 月 달 월)

▶ 問 물을 문(君   問)
  왼쪽에 임금 군 오른쪽에 임금 군

•朝 : 아침 조(月-총 12획) •問 : 물을 문(口-총 11획)

부록

상대·반의어
한 쌍의 말 사이에 서로 공통되는
의미 요소가 있으면서 서로 반대되는
관계에 있는 한자입니다.

유의어
뜻이 비슷한 한자입니다.

동음이의어
소리(음)는 같으나 뜻과 모양이 다른 한자입니다.

상대·반의어

월   일 이름   확인

💡 다음 상대·반의어를 읽어 보고 흐린 글자를 따라 쓰세요.

江山	江(강 강) 山(메 산)	강과 산. 자연의 경치를 이르는 말	江山
强弱	强(강할 강) 弱(약할 약)	① 강함과 약함 ② 강자와 약자	强弱
去來	去(갈 거) 來(올 래)	상품을 사고 파는 일	去來
輕重	輕(가벼울 경) 重(무거울 중)	① 가벼움과 무거움 ② 중요한 것과 중요하지 않은 것	輕重
苦樂	苦(쓸 고) 樂(즐거울 락)	괴로움과 즐거움	苦樂
曲直	曲(굽을 곡) 直(곧을 직)	굽음과 곧음	曲直
功過	功(공 공) 過(지날 과)	공로와 과실	功過
敎學	敎(가르칠 교) 學(배울 학)	가르치는 일과 배우는 일	敎學
吉凶	吉(길할 길) 凶(흉할 흉)	길함과 흉함	吉凶
男女	男(사내 남) 女(계집 녀)	남자와 여자	男女
南北	南(남녘 남) 北(북녘 북)	남쪽과 북쪽	南北
內外	內(안 내) 外(바깥 외)	① 안과 밖 ② 부부(夫婦)	內外
勞使	勞(일할 로) 使(부릴 사)	노동자와 사용자	勞使
老少	老(늙을 로) 少(적을 소)	늙은이와 젊은이	老少
多少	多(많을 다) 少(적을 소)	① 많음과 적음 ② 조금. 약간	多少
當落	當(마땅 당) 落(떨어질 락)	당선과 낙선, 붙음과 떨어짐	當落
大小	大(큰 대) 小(작을 소)	크고 작음	大小
東西	東(동녘 동) 西(서녘 서)	동쪽과 서쪽	東西

상대 · 반의어

| 월 | 일 | 이름 | | 확인 |

💡 다음 상대·반의어를 읽어 보고 흐린 글자를 따라 쓰세요.

賣買	賣(팔 매) 買(살 매)	팔고 삼	賣買
問答	問(물을 문) 答(대답 답)	묻고 대답함	問答
本末	本(근본 본) 末(끝 말)	① 일의 처음과 끝 ② 일의 근본과 대수롭지 않은 일	本末
死活	死(죽을 사) 活(살 활)	죽음과 삶, 죽느냐 사느냐의 갈림	死活
山川	山(메 산) 川(내 천)	① 산과 내 ② 자연, 또는 자연의 경치	山川
山河	山(메 산) 河(물 하)	산과 큰 내, 또는 자연의 총칭	山河
上下	上(윗 상) 下(아래 하)	위와 아래	上下
生死	生(날 생) 死(죽을 사)	삶과 죽음	生死
善惡	善(착할 선) 惡(악할 악/미워할 오)	착함과 악함	善惡
先後	先(먼저 선) 後(뒤 후)	앞뒤. 먼저와 나중	先後
成敗	成(이룰 성) 敗(패할 패)	일의 성공과 실패	成敗
手足	手(손 수) 足(발 족)	① 손발 ② 손발처럼 마음대로 부리는 사람의 비유	手足
勝敗	勝(이길 승) 敗(패할 패)	이김과 짐	勝敗
始終	始(비로소 시) 終(마칠 종)	① 처음과 끝 ② 처음부터 끝까지	始終
新舊	新(새 신) 舊(예 구)	새 것과 헌 것	新舊
心身	心(마음 심) 身(몸 신)	마음과 몸	心身
言行	言(말씀 언) 行(다닐 행)	말과 행동	言行
溫冷	溫(따뜻할 온) 冷(찰 랭)	따뜻함과 참	溫冷

💡다음 상대·반의어를 읽어 보고 흐린 글자를 따라 쓰세요.

陸海	陸(뭍 륙) 海(바다 해)	육지와 바다	陸海
遠近	遠(멀 원) 近(가까울 근)	멀고 가까움 또는 먼 곳과 가까운 곳	遠近
利害	利(이로울 리) 害(해할 해)	① 이익과 손해 ② 득실	利害
因果	因(인할 인) 果(실과 과)	원인과 결과	因果
自他	自(스스로 자) 他(다를 타)	자기와 남	自他
長短	長(긴 장) 短(짧을 단)	① 길고 짧음 ② 장점과 단점	長短
前後	前(앞 전) 後(뒤 후)	① 앞 뒤 ② 먼저와 나중	前後
朝夕	朝(아침 조) 夕(저녁 석)	아침과 저녁	朝夕
祖孫	祖(할아비 조) 孫(손자 손)	할아버지와 손자	祖孫
左右	左(왼 좌) 右(오른 우)	왼쪽과 오른쪽	左右
主客	主(주인 주) 客(손님 객)	주인과 손님	主客
晝夜	晝(낮 주) 夜(밤 야)	낮과 밤	晝夜
天地	天(하늘 천) 地(땅 지)	① 하늘과 땅 ② 세상, 세계의 뜻	天地
春秋	春(봄 춘) 秋(가을 추)	① 봄과 가을 ② 어른의 나이를 높여 부르는 말	春秋
出入	出(날 출) 入(들 입)	① 나감과 들어옴 ② 잠깐 다녀올 셈으로 밖으로 나감	出入
兄弟	兄(형 형) 弟(아우 제)	형과 아우	兄弟

다음 유의어를 읽어 보고 흐린 글자를 따라 쓰세요.

家屋	家(집 가) 屋(집 옥)	집을 외형적 관점에서 이르는 말	家屋
家宅	家(집 가) 宅(집 택)	집을 달리 이르는 말	家宅
競爭	競(다툴 경) 爭(다툴 쟁)	서로 겨루어 봄	競爭
計算	計(셀/꾀 계) 算(셈할 산)	수를 헤아림. 어떤 일을 예상하거나 고려함. 값을 치름	計算
過去	過(지날 과) 去(갈 거)	지나간 때, 옛날	過去
過失	過(지날 과) 失(잃을 실)	잘못이나 허물	過失
果實	果(실과 과) 實(열매 실)	열매, 과일	果實
教訓	教(가르칠 교) 訓(가르칠 훈)	앞으로의 행동이나 생활에 지침이 될 만한 가르침	教訓
規則	規(법 규) 則(법칙 칙)	누구나 지키기로 약정한 질서나 원칙	規則
根本	根(뿌리 근) 本(근본 본)	초목의 뿌리. 사물의 본질이나 본바탕	根本
技術	技(재주 기) 術(재주 술)	어떤 일을 해 내는 솜씨	技術
談話	談(말씀 담) 話(말씀 화)	허물없이 이야기를 나눔 또는 서로 주고 받는 이야기	談話
到着	到(이를 도) 着(붙을 착)	목적지에 다다름	到着
道路	道(길 도) 路(길 로)	사람, 차 따위가 잘 다닐 수 있도록 만들어 놓은 비교적 넓은 길	道路
圖畫	圖(그림 도) 畫(그림 화)	① 그림과 도안 ② 그림 그리기. 또는 그린 그림	圖畫
文章	文(글월 문) 章(글 장)	글. 문장가	文章

유의어

월	일	이름		확인

다음 유의어를 읽어 보고 흐린 글자를 따라 쓰세요.

法式	法(법 법) 式(법 식)	법도와 양식	法式
法典	法(법 법) 典(법 전)	법규를 체계적으로 정리하여 엮은 책	法典
兵士	兵(병사 병) 士(선비 사)	군사	兵士
兵卒	兵(병사 병) 卒(군사 졸)	군사	兵卒
思考	思(생각 사) 考(생각할 고)	생각하고 궁리함	思考
思念	思(생각 사) 念(생각 념)	마음 속으로 생각함, 사려	思念
生産	生(날 생) 産(낳을 산)	인간 생활에 필요한 물품을 만듦	生産
生活	生(날 생) 活(살 활)	사람이나 동물이 일정한 환경에서 활동하며 살아감.	生活
樹木	樹(나무 수) 木(나무 목)	살아 있는 나무	樹木
始初	始(비로소 시) 初(처음 초)	맨 처음	始初
身體	身(몸 신) 體(몸 체)	사람의 몸	身體
心情	心(마음 심) 情(뜻 정)	마음 속에 품은 생각과 감정	心情
言語	言(말씀 언) 語(말씀 어)	생각, 느낌 따위를 나타내거나 전달하는 데에 쓰는 음성, 문자 따위의 수단.	言語
年歲	年(해 년) 歲(해 세)	어른의 나이를 높여 부르는 말	年歲
永遠	永(길 영) 遠(멀 원)	끝없는 세월	永遠
完全	完(완전할 완) 全(온전 전)	부족함이나 흠이 없음	完全
偉大	偉(클 위) 大(큰 대)	매우 뛰어나고 훌륭함.	偉大

다음 유의어를 읽어 보고 흐린 글자를 따라 쓰세요.

衣服	衣(옷 의) 服(옷 복)	옷	衣服
意思	意(뜻 의) 思(생각 사)	무엇을 하려고 하는 생각이나 마음.	意思
戰爭	戰(싸움 전) 爭(다툴 쟁)	국가와 국가 사이의 무력에 의한 투쟁	戰爭
停止	停(머무를 정) 止(그칠 지)	중도에서 멈추거나 그침.	停止
正直	正(바를 정) 直(곧을 직)	마음에 거짓이나 꾸밈이 없이 바르고 곧음	正直
終末	終(마칠 종) 末(끝 말)	계속되어 온 일의 맨 끝	終末
終止	終(마칠 종) 止(그칠 지)	끝마쳐 그침.	終止
知識	知(알 지) 識(알 식)	앎, 사물에 대한 명료한 의식과 판단	知識
質問	質(바탕 질) 問(물을 문)	모르는 것이나 의심나는 것을 물음	質問
靑綠	靑(푸를 청) 綠(푸를 록)	푸른 빛을 띤 녹색	靑綠
土地	土(흙 토) 地(땅 지)	경지나 주거지 따위의 사람의 생활과 활동에 이용하는 땅	土地
河川	河(물 하) 川(내 천)	시내, 강	河川
河海	河(물 하) 海(바다 해)	큰 강과 바다	河海
學習	學(배울 학) 習(익힐 습)	배우고 익힘.	學習
寒冷	寒(찰 한) 冷(찰 랭)	매우 추움.	寒冷
海洋	海(바다 해) 洋(큰바다 양)	넓고 큰 바다	海洋
幸福	幸(다행 행) 福(복 복)	만족하여 부족함이나 불만이 없는 상태	幸福

다음 동음이의어를 익혀 보세요.

ㄱ

가	家	집 가
	歌	노래 가
	價	값 가
	可	옳을 가
	加	더할 가
각	角	뿔 각
	各	각각 각
강	江	강 강
	強	강할 강
개	開	열 개
	改	고칠 개
거	車	수레 거
	擧	들 거
	去	갈 거
건	建	세울 건
	件	물건 건
	健	굳셀 건

결	決	결단할 결
	結	맺을 결
경	京	서울 경
	敬	공경할 경
	景	볕 경
	輕	가벼울 경
	競	다툴 경
계	界	지경 계
	計	셀 계
고	高	높을 고
	苦	쓸 고
	古	예 고
	告	고할 고
	考	생각할 고
	固	굳을 고
공	工	장인 공
	空	빌 공

	公	공평할 공
	功	공 공
	共	한가지 공
과	科	과목 과
	果	실과 과
	課	공부할/과정 과
	過	지날 과
관	關	관계할 관
	觀	볼 관
광	光	빛 광
	廣	넓을 광
교	校	학교 교
	敎	가르칠 교
	交	사귈 교
	橋	다리 교

동음이의어

월   일 이름   확인

💡 다음 동음이의어를 익혀 보세요.

구	九	아홉	구
	口	입	구
	球	공	구
	區	구분할	구
	舊	예	구
	具	갖출	구
	救	구원할	구
국	國	나라	국
	局	판	국
군	軍	군사	군
	郡	고을	군
근	根	뿌리	근
	近	가까울	근
금	金	쇠	금
	今	이제	금
급	急	급할	급
	級	등급	급
	給	줄	급

기	氣	기운	기
	記	기록할	기
	旗	기	기
	己	몸	기
	基	터	기
	技	재주	기
	汽	물끓는김	기
	期	기약할	기

ㄴ			
남	南	남녘	남
	男	사내	남

ㄷ			
단	短	짧을	단
	團	둥글	단
	壇	단	단
당	堂	집	당
	當	마땅	당

대	大	큰	대
	代	대신할	대
	對	대할	대
	待	기다릴	대
도	道	길	도
	圖	그림	도
	度	법도	도
	到	이를	도
	島	섬	도
	都	도읍	도
독	讀	읽을	독
	獨	홀로	독
동	東	동녘	동
	動	움직일	동
	洞	고을	동
	同	한가지	동
	冬	겨울	동
	童	아이	동

월   일 이름   확인

다음 동음이의어를 익혀 보세요.

| 등 | 登 | 오를 | 등 |
| | 等 | 무리 | 등 |

ㄹ

락	樂	즐길	락
	落	떨어질	락
량	良	어질	량
	量	헤아릴	량
력	力	힘	력
	歷	지날	력
령	領	거느릴	령
	令	하여금	령
례	例	법식	례
	禮	예도	례
로	老	늙을	로
	路	길	로
	勞	일할	로
류	類	무리	류
	流	흐를	류

륙	六	여섯	륙
	陸	뭍	륙
리	里	마을	리
	理	다스릴	리
	利	이로울	리
	李	오얏	리

ㅁ

망	望	바랄	망
	亡	망할	망
매	每	매양	매
	賣	팔	매
	買	살	매
명	名	이름	명
	命	목숨	명
	明	밝을	명
목	木	나무	목
	目	눈	목

문	門	문	문
	文	글월	문
	問	물을	문
	聞	들을	문
미	米	쌀	미
	美	아름다울	미

ㅂ

반	反	돌이킬	반
	半	반	반
	班	나눌	반
방	方	모	방
	放	놓을	방
백	白	흰	백
	百	일백	백
병	病	병	병
	兵	군사	병
복	服	옷	복
	福	복	복

동음이의어

💡 다음 동음이의어를 익혀 보세요.

부	父	아비	부
	夫	지아비	부
	部	떼	부
비	比	견줄	비
	鼻	코	비
	費	쓸	비

人

사	四	넉	사
	事	일	사
	社	모일	사
	使	하여금	사
	死	죽을	사
	仕	섬길	사
	士	선비	사
	史	사기	사
	思	생각할	사
	寫	베낄	사
	査	조사할	사

산	山	메	산
	算	셈	산
	産	낳을	산
상	上	윗	상
	相	서로	상
	商	장사	상
	賞	상줄	상
서	西	서녁	서
	書	글	서
	序	차례	서
석	夕	저녁	석
	石	돌	석
	席	자리	석
선	先	먼저	선
	線	줄	선
	仙	신선	선
	鮮	고울	선
	善	착할	선

선	船	배	선
	選	가릴	선
설	雪	눈	설
	說	말씀	설
성	姓	성	성
	成	이룰	성
	省	살필	성
	性	성품	성
세	世	인간	세
	歲	해	세
	洗	씻을	세
소	小	작을	소
	少	적을	소
	所	바	소
	消	사라질	소
속	速	빠를	속
	束	묶을	속

💡 다음 동음이의어를 익혀 보세요.

수	水	물	수
	手	손	수
	數	셀	수
	樹	나무	수
	首	머리	수
시	市	저자	시
	時	때	시
	始	비로소	시
	示	보일	시
식	食	밥	식
	植	심을	식
	式	법	식
	識	알	식
신	信	믿을	신
	身	몸	신
	新	새	신
	神	귀신	신
	臣	신하	신

실	室	집	실
	失	잃을	실
	實	열매	실

ㅇ

안	安	편안할	안
	案	책상	안
야	野	들	야
	夜	밤	야
약	弱	약할	약
	藥	약	약
	約	맺을	약
양	洋	큰 바다	양
	陽	볕	양
	養	기를	양
어	語	말씀	어
	魚	고기/물고기	어
	漁	고기 잡을	어

영	英	꽃부리	영
	永	길	영
오	五	다섯	오
	午	낮	오
요	要	요긴할	요
	曜	빛날	요
용	勇	날랠	용
	用	쓸	용
우	右	오른쪽	우
	雨	비	우
	友	벗	우
	牛	소	우
운	運	옮길	운
	雲	구름	운
원	園	동산	원
	遠	멀	원

동음이의어

월	일	이름	확인

💡 다음 동음이의어를 익혀 보세요.

원	元	으뜸	원
	願	원할	원
	原	언덕	원
	院	집	원
위	偉	클	위
	位	자리	위
유	有	있을	유
	由	말미암을	유
	油	기름	유
음	音	소리	음
	飮	마실	음
의	意	뜻	의
	醫	의원	의
	衣	옷	의
이	二	두	이
	以	써	이
	耳	귀	이
인	人	사람	인
	因	인할	인

| 일 | 一 | 한 | 일 |
| | 日 | 날 | 일 |

ㅈ

자	自	스스로	자
	子	아들	자
	字	글자	자
	者	놈	자
작	昨	어제	작
	作	지을	작
장	長	긴	장
	場	마당	장
	章	글	장
재	才	재주	재
	在	있을	재
	財	재물	재
	災	재앙	재
	再	두	재
	材	재목	재

적	的	과녁	적
	赤	붉을	적
전	電	번개	전
	全	온전	전
	前	앞	전
	戰	싸울	전
	典	법	전
	傳	전할	전
	展	펼	전
절	節	마디	절
	切	끊을	절
정	正	바를	정
	庭	뜰	정
	定	정할	정
	情	뜻	정
	停	머무를	정
제	弟	아우	제
	第	차례	제
	題	제목	제

 동음이의어

월   일 | 이름 | 확인

💡다음 동음이의어를 익혀 보세요.

조	祖	할아비	조
	朝	아침	조
	調	고를	조
	操	잡을	조
족	足	발	족
	族	겨레	족
종	種	씨	종
	終	마칠	종
주	主	주인	주
	住	살	주
	注	부을	주
	晝	낮	주
	週	주일	주
	州	고을	주
중	中	가운데	중
	重	무거울	중
지	紙	종이	지
	地	땅	지
	知	알	지
	止	그칠	지

ㅊ

창	窓	창	창
	唱	부를	창
천	川	내	천
	千	일천	천
	天	하늘	천
청	靑	푸를	청
	淸	맑을	청
초	草	풀	초
	初	처음	초
촌	寸	마디	촌
	村	마을	촌

ㅌ

| 타 | 打 | 칠 | 타 |
| | 他 | 다를 | 타 |

ㅎ

하	下	아래	하
	夏	여름	하
	河	물	하

한	韓	나라	한
	漢	한나라	한
	寒	찰	한
해	海	바다	해
	害	해할	해
행	幸	다행	행
	行	다닐	행
형	兄	맏	형
	形	모양	형
호	號	이름	호
	湖	호수	호
화	火	불	화
	話	말씀	화
	花	꽃	화
	和	화할	화
	畫	그림	화
	化	될	화
효	孝	효도	효
	效	본받을	효

5급 ❸과정

 해답

이야기로 익히는 한자 1(19p)
(1) ② (2) ④ (3) ① (4) ⑦ (5) ⑤ (6) ⑥ (7) ③

제 1회 기출 및 예상 문제 (20p~23p)

❶ (1) 설명 (2) 순리 (3) 세월 (4) 세수
(5) 천성 (6) 숙명 (7) 결속 (8) 세객
(9) 수상 (10) 순서 (11) 성격 (12) 훈시
(13) 세차 (14) 단속 (15) 식견 (16) 수도
(17) 합숙 (18) 세입 (19) 식별 (20) 고시

❷ (1) 성품 성 (2) 해 세
(3) 말씀 설/달랠 세/기쁠 열 (4) 보일 시
(5) 순할 순 (6) 잘 숙/별자리 수

❸ (1) 天性 (2) 洗車 (3) 宿所 (4) 訓示
(5) 首都 (6) 順序 (7) 識見 (8) 結束
(9) 歲月 (10) 說明

❹ (1) 洗 (2) 首 (3) 束 (4) 識

❺ (1) 落

❻ (1) ④

❼ (1) ② (2) ③ (3) ④

❽ (1) ① (2) ③ (3) ②

❾ (1) 윗사람이 집무상 주의 사항을 아랫사
람에게 가르쳐 보임
(2) 얼굴을 씻음 (3) 내각의 우두머리
(4) 머물러 묵는 곳

❿ (1) 売

⓫ (1) ① (2) ④ (3) ③

이야기로 익히는 한자 2(37p)
(1) ① (2) ② (3) ⑤ (4) ④ (5) ③

제 2회 기출 및 예상 문제 (38p~41p)

❶ (1) 어류 (2) 수억 (3) 신하 (4) 과실
(5) 아동 (6) 악성 (7) 법안 (8) 약속
(9) 양자 (10) 인어 (11) 어선 (12) 규약
(13) 사신 (14) 실감 (15) 소아 (16) 개악
(17) 답안 (18) 약분 (19) 양로 (20) 어부

❷ (1) 맺을 약 (2) 억 억 (3) 고기/물고기 어
(4) 열매 실 (5) 아이 아 (6) 신하 신

❸ (1) 兒女子 (2) 實名 (3) 惡名 (4) 臣下
(5) 人魚 (6) 億萬長者 (7) 法案
(8) 漁村 (9) 奉養 (10) 約束

❹ (1) 案 (2) 養 (3) 漁 (4) 惡

❺ (1) 善

❻ (1) ①

❼ (1) ② (2) ③ (3) ①

❽ (1) ④ (2) ① (3) ②

❾ (1) 나라에 공로가 있는 신하 (2)어린 아이
(3) 악한 사람 (4) 실제의 이름

❿ (1) 實 (2) 兒 (3) 惡

⓫ (1) ④ (2) ② (3) ②

이야기로 익히는 한자 3(55p)
(1) ① (2) ③ (3) ② (4) ④ (5) ⑤

제 3회 기출 및 예상 문제 (56p~59p)

❶ (1) 우기 (2) 우각 (3) 엽서 (4) 가옥
(5) 욕실 (6) 요건 (7) 요일 (8) 급우
(9) 열중 (10) 수십억 (11) 우군 (12) 열기
(13) 낙엽 (14) 옥상 (15) 완성 (16) 우량
(17) 일광욕 (18) 중요 (19) 우마차 (20) 완승

❷ (1) 더울 열 (2) 빛날 요 (3) 소 우
(4) 비 우 (5) 목욕할 욕 (6) 잎 엽

❸ (1) 海水浴場 (2) 曜日 (3) 完勝 (4) 熱心
(5) 學友 (6) 落葉 (7) 雨期 (8) 重要
(9) 韓牛 (10) 屋上

❹ (1) 要 (2) 完 (3) 屋 (4) 友

❺ (1) 熱, 溫

❻ (1) ③ (2) ②

❼ (1) ② (2) ④ (3) ②

❽ (1) ③ (2) ②

❾ (1) 완전하게 끝마침 (2) 지붕 위
(3) 소중하고 요긴함 (4) 완전히 승리함

❿ (1) 広

⓫ (1) ③ (2) ④ (3) ④

해답

이야기로 익히는 한자 4(73p)

(1) ① (2) ③ (3) ⑤ (4) ④ (5) ② (6) ⑥

제 4회 기출 및 예상 문제 (74p~77p)

❶ (1) 영웅 (2) 하위 (3) 이하 (4) 위대
(5) 학원 (6) 원수 (7) 이순 (8) 원리
(9) 원로 (10) 방위 (11) 이래 (12) 숙원
(13) 위력 (14) 이목 (15) 웅대 (16) 운집
(17) 청운 (18) 원장 (19) 원서 (20) 원망

❷ (1) 써 이 (2) 구름 운 (3) 언덕 원
(4) 클 위 (5) 귀 이 (6) 자리 위

❸ (1) 偉人 (2) 元老 (3) 念願 (4) 以下
(5) 原理 (6) 雲集 (7) 耳目 (8) 大學院
(9) 在位 (10) 雄大

❹ (1) 願 (2) 雄 (3) 院 (4) 元

❺ (1) 重

❻ (1) ③ (2) ①

❼ (1) ③

❽ (1) ① (2) ④ (3) ②

❾ (1) 으뜸이 되는 이치
(2) 마음 속 깊이 생각하고 바람
(3) 높은 지위 (4) 뛰어나고 훌륭한 사람

❿ (1) 変

⓫ (1) ④ (2) ③ (3) ②

이야기로 익히는 한자 5(91p)

(1) ⑥ (2) ① (3) ④ (4) ⑤ (5) ③ (6) ②

제 5회 기출 및 예상 문제 (92p~95p)

❶ (1) 저금 (2) 적중 (3) 원인 (4) 재목
(5) 인과 (6) 화재 (7) 재물 (8) 적기
(9) 전쟁 (10) 임기 (11) 재산 (12) 천재
(13) 경쟁 (14) 목적 (15) 적색 (16) 임의
(17) 재건 (18) 교재 (19) 재현 (20) 저수

❷ (1) 재목 재 (2) 맡길 임 (3) 재앙 재
(4) 다툴 쟁 (5) 쌓을 저 (6) 붉을 적

❸ (1) 的中 (2) 再會 (3) 教材 (4) 財物

(5) 貯金 (6) 任期 (7) 赤外線 (8) 原因
(9) 競爭 (10) 火災

❹ (1) 因 (2) 再 (3) 的 (4) 財

❺ (1) 果 (2) 靑

❻ (1) ④

❼ (1) ②

❽ (1) ④ (2) ②

❾ (1) 붉은 깃발 (2) 다시 생각해 봄
(3) 마음대로 하는 일
(4) ① 과녁에 맞음 ② 무엇에 꼭 들어맞음

❿ (1) 爭

⓫ (1) ① (2) ③ (3) ③

제1회 모의 한자능력 검정시험

1. 상인
2. 약분
3. 신하
4. 아동
5. 숙명
6. 순리
7. 수상
8. 양자
9. 설명
10. 천성
11. 세월
12. 악명
13. 중요
14. 재물
15. 성격
16. 약속
17. 숙소
18. 학우
19. 위인
20. 임의
21. 재산
22. 우천
23. 운집
24. 악행
25. 식별
26. 실명
27. 소아
28. 공약
29. 청운
30. 교재
31. 공신
32. 세객
33. 봉양
34. 적중
35. 원수
36. 써 이
37. 장사 상

38. 순할 순
39. 해 세
40. 갖출 구
41. 기를 양
42. 어질 량
43. 그림 도
44. 으뜸 원
45. 생각 념
46. 기운 기
47. 씻을 세
48. 나무 수
49. 동산 원
50. 섬길 사
51. 맡길 임
52. 사랑 애
53. 바랄 망
54. 그림 화/그을 획
55. 따뜻할 온
56. 재목 재
57. 고을 군
58. 고울 선
59. 答
60. 言
61. 孫
62. ③
63. ①
64. ⑦
65. ⑤
66. ②
67. ①
68. ④
69. 食水
70. 自身
71. 電力
72. 손이나 얼굴을 씻음
73. 비옷
74. 대기의 온도
75. 図
76. 体

77. 対
78. 童心
79. 老人
80. 對話
81. 窓門
82. 工業
83. 飮食
84. 山川
85. 讀書
86. 使命
87. 大雪
88. 信用
89. 兄弟
90. 正直
91. 手足
92. 日記
93. 成功
94. 班長
95. 放學
96. 歌手
97. 始祖
98. ⑥
99. ⑧
100. ④

제2회 모의 한자능력 검정시험

1. 건실
2. 경쟁
3. 재고
4. 소원
5. 낙엽
6. 어선
7. 양로
8. 훈시
9. 적색
10. 어류
11. 열기
12. 가옥

13. 완승
14. 요일
15. 욕실
16. 온도
17. 웅대
18. 대학원
19. 원리
20. 기약
21. 상위
22. 이순
23. 원인
24. 우애
25. 전쟁
26. 안건
27. 결속
28. 세차
29. 수도
30. 사신
31. 실감
32. 답안
33. 선수
34. 어부
35. 우기
36. 책상 안
37. 흐를 류
38. 예 구
39. 잎 엽
40. 완전할 완
41. 차례 서
42. 팔 매
43. 재물 재
44. 자리 위
45. 두 재
46. 길할 길
47. 머리 수
48. 언덕 원
49. 물건 건
50. 갈 거

51. 굽을 곡
52. 억 억
53. 쌀을 저
54. 섬 도
55. 수컷 웅
56. 생각 사
57. 목욕할 욕
58. 고기/물고기 어
59. 樹木
60. 市場
61. 民族
62. 美人
63. 病室
64. 銀行
65. 庭園
66. 孝道
67. 失禮
68. 體育
69. 農夫
70. 開發
71. 別名
72. 太陽
73. 溫室
74. 面
75. 米
76. 席
77. 雪
78. 在
79. 果
80. 新
81. 溫
82. ④
83. ⑧
84. ①
85. ⑤
86. ③
87. ⑥
88. ②
89. ②
90. ⑤

91. ①
92. 까닭
93. 지붕 위
94. 실제의 이름
95. 戦
96. 気
97. 読
98. ④
99. ③
100. ⑤

제3회 모의 한자능력 검정시험

1. 고시
2. 고안
3. 어장
4. 열심
5. 식견
6. 옥상
7. 완결
8. 일광욕
9. 우마
10. 상업
11. 친구
12. 원서
13. 급우
14. 방위
15. 이하
16. 재건
17. 화재
18. 원장
19. 저금
20. 적기
21. 단속
22. 엽서
23. 합숙
24. 법안
25. 인어
26. 어촌

27. 염원
28. 우군
29. 한우
30. 학원
31. 재목
32. 임기
33. 목적
34. 재현
35. 영웅
36. 밝을 랑
37. 고기잡을 어
38. 지날 과
39. 집 옥
40. 고칠 개
41. 소 우
42. 집 원
43. 다툴 쟁
44. 귀 이
45. 떨어질 락
46. 재앙 재
47. 원할 원
48. 붉을 적
49. 아이 아
50. 비 우
51. 도읍 도
52. 인할 인
53. 보일 시
54. 말 마
55. 빛날 요
56. 공경 경
57. 더울 열
58. 단 단
59. 運命
60. 生物
61. 自然
62. 通路
63. 場外
64. 明白
65. 世界
66. 邑內

67. 感氣
68. 教訓
69. 出發
70. 速度
71. 言語
72. 問病
73. 始作
74. 現
75. 晝
76. 遠
77. 身
78. 急
79. 秋
80. 重
81. 短
82. ②
83. ①
84. ⑥
85. ⑤
86. ②
87. ⑤
88. ③
89. ①
90. ④
91. ⑤
92. 나라에 공로가 있는 신하
93. 원인과 결과
94. 다시 생각해 봄
95. 楽
96. 来
97. 会
98. ⑥
99. ⑩
100. ⑧

수험번호 □□□-□□-□□□□   성명 □□□□□

생년월일 □□□□□□   ※주민등록번호 앞 6자리 숫자를 기입하십시오.   ※성명을 한글로 작성.
※필기구는 검정색 볼펜만 가능

※ 답안지는 컴퓨터로 처리되므로 구기거나 더럽히지 마시고, 정답 칸 안에만 쓰십시오.
글씨가 채점란으로 들어오면 오답처리가 됩니다.

제1회 모의 한자능력검정시험 5급Ⅱ 답안지(1) (시험시간: 50분)

번호	답안란 정답	채점란 1검	채점란 2검	번호	답안란 정답	채점란 1검	채점란 2검	번호	답안란 정답	채점란 1검	채점란 2검
1				17				33			
2				18				34			
3				19				35			
4				20				36			
5				21				37			
6				22				38			
7				23				39			
8				24				40			
9				25				41			
10				26				42			
11				27				43			
12				28				44			
13				29				45			
14				30				46			
15				31				47			
16				32				48			

감독위원	채점위원(1)		채점위원(2)		채점위원(3)	
(서명)	(득점)	(서명)	(득점)	(서명)	(득점)	(서명)

제1회 모의 한자능력검정시험 5급Ⅱ 답안지(2)

번호	정답	1검	2검	번호	정답	1검	2검	번호	정답	1검	2검
49				67				85			
50				68				86			
51				69				87			
52				70				88			
53				71				89			
54				72				90			
55				73				91			
56				74				92			
57				75				93			
58				76				94			
59				77				95			
60				78				96			
61				79				97			
62				80				98			
63				81				99			
64				82				100			
65				83							
66				84							

답안란 / 채점란

※5급·5급Ⅱ ③과정을 마친 다음에
　모의고사 답을 기재하세요.

수험번호 □□□-□□-□□□□　　성명 □□□□□

생년월일 □□□□□□　　※주민등록번호 앞 6자리 숫자를 기입하십시오.
　　　　　　　　　　　　　　※성명을 한글로 작성.
　　　　　　　　　　　　　　※필기구는 검정색 볼펜만 가능

※ 답안지는 컴퓨터로 처리되므로 구기거나 더럽히지 마시고, 정답 칸 안에만 쓰십시오.
　글씨가 채점란으로 들어오면 오답처리가 됩니다.

제2회 모의 한자능력검정시험 5급 답안지(1) (시험시간: 50분)

번호	정답	1검	2검	번호	정답	1검	2검	번호	정답	1검	2검
1				17				33			
2				18				34			
3				19				35			
4				20				36			
5				21				37			
6				22				38			
7				23				39			
8				24				40			
9				25				41			
10				26				42			
11				27				43			
12				28				44			
13				29				45			
14				30				46			
15				31				47			
16				32				48			

감독위원	채점위원(1)		채점위원(2)		채점위원(3)	
(서명)	(득점)	(서명)	(득점)	(서명)	(득점)	(서명)

※ 답안지는 컴퓨터로 처리되므로 구기거나 더럽히지 마시고, 정답 칸 안에만 쓰십시오. 글씨가 채점란으로 들어오면 오답처리가 됩니다.

제2회 모의 한자능력검정시험 5급 답안지(2)

답안란		채점란		답안란		채점란		답안란		채점란	
번호	정 답	1검	2검	번호	정 답	1검	2검	번호	정 답	1검	2검
49				67				85			
50				68				86			
51				69				87			
52				70				88			
53				71				89			
54				72				90			
55				73				91			
56				74				92			
57				75				93			
58				76				94			
59				77				95			
60				78				96			
61				79				97			
62				80				98			
63				81				99			
64				82				100			
65				83							
66				84							

| 수험번호 | □□□-□□-□□□□ | 성명 | □□□□□ |

생년월일 □□□□□□ ※주민등록번호 앞 6자리 숫자를 기입하십시오. ※성명을 한글로 작성.
※필기구는 검정색 볼펜만 가능

※ 답안지는 컴퓨터로 처리되므로 구기거나 더럽히지 마시고, 정답 칸 안에만 쓰십시오.
글씨가 채점란으로 들어오면 오답처리가 됩니다.

제3회 모의 한자능력검정시험 5급 답안지(1) (시험시간: 50분)

번호	정답	1검	2검	번호	정답	1검	2검	번호	정답	1검	2검
1				17				33			
2				18				34			
3				19				35			
4				20				36			
5				21				37			
6				22				38			
7				23				39			
8				24				40			
9				25				41			
10				26				42			
11				27				43			
12				28				44			
13				29				45			
14				30				46			
15				31				47			
16				32				48			

감독위원	채점위원(1)		채점위원(2)		채점위원(3)	
(서명)	(득점)	(서명)	(득점)	(서명)	(득점)	(서명)

제3회 모의 한자능력검정시험 5급 답안지(2)

번호	답안란 정 답	채점란 1검	채점란 2검	번호	답안란 정 답	채점란 1검	채점란 2검	번호	답안란 정 답	채점란 1검	채점란 2검
49				67				85			
50				68				86			
51				69				87			
52				70				88			
53				71				89			
54				72				90			
55				73				91			
56				74				92			
57				75				93			
58				76				94			
59				77				95			
60				78				96			
61				79				97			
62				80				98			
63				81				99			
64				82				100			
65				83							
66				84							

천만 부 넘게 판매된 연산력 대표학습지 기탄수학 개정판
기탄큰수학 (연산편)

- **구성** : A~H단계(전 40집)
- **대상** : 유아~초등 4학년
- **정가** : 월(1집) 7,000원

기탄수학의 개정판으로 재미있는 학습요소를 추가하고, 판면도 키웠습니다. 일일이 뜯을 필요 없이 1주일 학습분량만큼 나눈 4 in 1 시스템을 도입했고, 특별 부록 《4분 문장제 학습》은 연산력은 물론 수학적 사고력까지 길러 주고, 수학에 대한 강한 자신감을 키워 줍니다.

초등 교과에 맞추어 학교 공부 도와주는-
기탄사고력수학

- **구성** : A~J단계(전 52집)
- **대상** : 유아~초등 6학년
- **정가** : 월(1집) 7,000원

수학적 사고력과 창의력을 길러 주는 프로그램으로, 초등 교과에 맞추어 체계적으로 학습합니다. 유필력, 공간지각력 등의 유아과정부터 수와 연산, 도형 등 초등수학 5개 영역을 골고루 다루어 수학적 사고의 폭을 넓히고 문제 해결 능력을 키워 줍니다.

놀이로 한글을 재미있게 배워요
기탄한글

- **구성** : A~D단계(전 18집)
- **대상** : 유아~초등 1학년
- **정가** : 월(1집) 9,500원

체계적인 학습 커리큘럼에 맞춰 쉽게 한글을 떼는 한글학습 프로그램입니다. 주제와 관련된 재미있는 창작동화로 언어력과 상상력을 키워 주고, 다양한 활동과 놀이학습으로 유아의 사고력과 창의력까지 크게 키워 줄 수 있도록 꾸며졌습니다.

한글 떼고 본격 국어학습의 시작-
기탄국어

- **구성** : A~J단계(전 50집)
- **대상** : 유아~초등 6학년
- **정가** : 월(1집) 7,000원

한글학습과 초등 국어 교과서를 총망라하여 어린이 개인의 능력에 따라 선택하여 목표에 도달할 수 있도록 편성된 교재입니다. 국어학습의 기본 원리를 깨치고, 다양한 글감을 통해 어휘력, 문장력, 독해력을 익힘으로써 탄탄한 국어 실력을 다질 수 있습니다.

홈 스터디 '국민학습지' 기탄으로 하세요!

엄마의 마음을
기탄의 마음으로 삼습니다

부족한 부분을 집중 연습할 수 있는
기탄영역별수학

- **구성** : 도형·측정편(전 20집)
  자료와 가능성편(전 5집)
  규칙성편(전 5집)
- **대상** : 초등 1~6학년
- **정가** : 각 과정 6,000원

초등학교 수학의 내용 영역을 도형·측정편, 자료와 가능성편, 규칙성편으로 묶어, 나에게 부족한 부분을 집중적으로 반복 연습하여 수학적 사고력과 창의력을 키울 수 있도록 구성하였습니다.

서점에서 만나는 연산력 1위 학습지
기탄수학

- **구성** : A~N단계(전 70집)
- **대상** : 유아~예비 고
- **정가** : 월(1집) 6,000원

반복 학습을 통해 수학의 기초인 연산력을 탄탄하게 다져 주어 공부에 자신감을 향상시키는 개인별·능력별 프로그램식 학습지입니다. 특별 부록 《4분 문장제 학습》은 연산력은 물론 수학적 사고력까지 길러 주고, 수학에 대한 강한 자신감을 키워 줍니다.

매일매일 영어 공부습관을 키워요
기탄영어

- **구성** : A~G단계(전 28집)
- **대상** : 유아~초등 6학년
- **정가** : 월(1집+CD 1장) 9,500원

영어를 전공하지 않은 부모님도 쉽게 영어를 가르칠 수 있도록 체계적으로 구성된 Self-study용 영어 학습프로그램입니다. 듣기, 말하기, 읽기, 쓰기를 골고루 발달시키고, 매일매일 공부하는 습관을 길러 줘 영어 자신감을 쑥쑥 키워 줍니다.

초등 필수 영단어 1536 단어 완벽마스터
영단어 암기 끝!

- **구성** : A~F단계(전 24집)
- **대상** : 유아~초등 6학년
- **정가** : 월(1집+CD 1장) 8,000원

하루에 5페이지씩, 1536 단어를 완벽하게 마스터 하는 영단어 학습지입니다. 재미있는 놀이로 반복학습하고, 문맥을 통한 학습으로 단어의 의미와 쓰임을 확실히 이해하고 활용할 수 있습니다. 또, 오디오 CD로 듣기, 말하기 훈련 등 입체적인 학습이 가능합니다.

한자도 배우고, 어휘력도 키워요
기탄한자

- **구성** : A~G단계(전 28집)
- **대상** : 유아~초등 6학년
- **정가** : 월(1집) 9,500원

기초 한자에서 교과서 한자어 학습까지, 한자의 체계를 수립하는 한자 학습프로그램입니다. 그림 한자로 한자의 뜻을 이해하고, 놀이로 한자를 익히며(A~D단계), 나아가 초등학교 교과서 한자어를 총체 분석하여 어휘력을 향상(E~G단계)시켜 줍니다.

가장 빨리 한자급수자격따는 비법-
기탄급수한자빨리따기

- **구성** : 8급/7급①②/6급①~③/5급①~④/4급①~⑤권
- **대상** : 유아~초등 6학년
- **정가** : 각 권당 6,000원

국내 최초 초등학생용 한자급수시험 대비 프로그램입니다. 출제 유형을 꼼꼼히 분석한 기출예상문제와 충분한 쓰기 연습량으로 쉽고 빠르게 원하는 급수를 딸 수 있도록 도와줍니다. 실제 시험지와 똑같은 형식의 모의고사로 실전에 대비할 수 있습니다.

초등학생을 위한
기탄급수한자 빨리따기 시리즈

8급 빨리따기 50字

7급 빨리따기 ❶ ❷, 150字(7급·7급Ⅱ 공용)

6급 빨리따기 ❶ ❷ ❸, 300字(6급·6급Ⅱ 공용)

5급 빨리따기 ❶ ❷ ❸ ❹, 500字(5급·5급Ⅱ 공용)

4급 빨리따기 ❶ ❷ ❸ ❹ ❺, 1000字(4급·4급Ⅱ 공용)

기탄급수한자
5급빨리따기 ❸과정

2024년 10월 10일 인쇄
2024년 10월 17일 펴냄

펴낸이 : 정지향
펴낸곳 : (주)기탄교육
기획·편집·디자인 : 기탄교육연구소
주소 : 06698 서울특별시 서초구 효령로 40 기탄출판센터
등록 : 제2000-000098호   **전화** : (02)586-1007   **팩스** : (02)586-2337

※ 잘못된 책은 교환해 드립니다.
⚠ 책 모서리에 다칠 수 있으니 주의하시기 바랍니다. 부주의로 인한 사고의 경우 책임을 지지 않습니다.

®기탄 : 기초 탄탄의 줄임말로 본사의 등록상표입니다.
    기탄한 어린이를 기르는 것을 목표로 '기탄'을 학습지의 대명사로 키우겠습니다.

• 제조국 : 한국
• 사용연령 : 초2~5
※ KC마크는 이 제품이 공통안전기준에 적합하였음을 의미합니다.

값 6,000원

gitan.co.kr
지금 인터넷으로 교재를 신청하세요!
서점에 갈 시간이 없거나 구하기 어려운 분은 인터넷
또는 전화로 신청하세요. 즉시 우송해 드립니다.

64710

9 788926 024379
ISBN 978-89-260-2437-9

ⓒ 판권 본사 소유

개인별·능력별 학습 프로그램

기탄수학

영역별수학 집중학습
도형·측정편

시각과 시간(1)

학습 내용

· 몇 시 몇 분, 몇 시 몇 분 전
· 1시간, 하루, 달력

5
과정

권장 학년 | 초등 저학년

기초부터 완벽하게
G 기탄교육

아이들의 개인별·능력별 수학 학습, 기탄 영역별수학으로 시작하세요!

· · · · 기탄수학에 대한 학부모님의 사랑은 지금도 변함 없습니다

수천만 부 이상 판매된 대한민국 아이들의 필수 학습지 기탄수학!
교육 트렌드에 민감한 요즘 엄마들 사이에서
학원이나 과외를 받더라도 꼭 해야 하는 학습지로 인정받고 있습니다.
지금도 변함 없는 사랑과 명성을 이어가고 있는
기탄수학의 개발 노하우 그대로 〈기탄영역별수학〉에 담았습니다.

기탄수학처럼 개인별·능력별 자기 주도 학습이 가능합니다

기탄수학은 학년에 관계 없이 스스로 공부할 수 있는 개인별·능력별 학습 프로그램입니다.
연산뿐만 아니라 수학의 다른 영역에도 이러한 학습법이 적용되길 바라는
학부모님들의 끊임없는 요청으로 〈기탄영역별수학〉이 개발되었습니다.
아이가 부족한 영역을 선택하여 집중적으로 연습시킬 수 있는 것이
〈기탄영역별수학〉의 가장 큰 장점입니다.

〈기탄영역별수학〉으로 아이의 수학 자신감을 길러주세요

수학의 5개 영역인 수와 연산, 도형, 측정, 규칙성, 자료와 가능성 중
아이들이 많이 어려워하는 〈도형·측정편〉을 먼저 선보입니다.
기초가 탄탄해야 자신감이 길러지고, 자신감이 바탕이 되어야
어려운 문제를 만나도 포기하지 않는 힘이 생깁니다.
이번 〈도형·측정편〉 교재를 통해 아이의 수학 자신감을 길러주세요.

기초부터 탄탄하게 기탄교육 www.gitan.co.kr